穿越宋朝的财富冒险

中原证券股份有限公司
中原投资者教育基地 编

图书在版编目(CIP)数据

汴"金"梦华录：穿越宋朝的财富冒险 / 中原证券股份有限公司，中原投资者教育基地编． — 上海：立信会计出版社，2023.12
 ISBN 978-7-5429-7539-3

Ⅰ．①汴… Ⅱ．①中… ②中… Ⅲ．①投资管理－青少年读物 Ⅳ．① F830.593-49

中国国家版本馆 CIP 数据核字（2024）第 021209 号

责任编辑　毕芸芸

汴"金"梦华录：穿越宋朝的财富冒险
BIANJIN MENGHUALU CHUANYUE SONGCHAO DE CAIFU MAOXIAN

| | | | | |
|---|---|---|---|---|
| 出版发行 | 立信会计出版社 | | | |
| 地　　址 | 上海市中山西路 2230 号 | 邮政编码 | 200235 | |
| 电　　话 | (021)64411389 | 传　　真 | (021)64411325 | |
| 网　　址 | www.lixinaph.com | 电子邮箱 | lixinaph2019@126.com | |
| 网上书店 | http://lixin.jd.com | | http://lxkjcbs.tmall.com | |
| 经　　销 | 各地新华书店 | | | |
| 印　　刷 | 常熟市人民印刷有限公司 | | | |
| 开　　本 | 880 毫米×1230 毫米　1/32 | | | |
| 印　　张 | 5.5 | | | |
| 字　　数 | 128 千字 | | | |
| 版　　次 | 2023 年 12 月第 1 版 | | | |
| 印　　次 | 2023 年 12 月第 1 次 | | | |
| 书　　号 | ISBN 978 - 7 - 5429 - 7539-3/F | | | |
| 定　　价 | 48.00 元 | | | |

如有印订差错，请与本社联系调换

 **编委会**（排名不分前后）

| | |
|---|---|
| **主　编** | 徐海军 |
| **副主编** | 徐皓嵩　郭　宏　于春艳　韩军阳<br>杨林杰　巫　炜　陈永利　王　轲<br>崔利军 |
| **编　委** | 张　斌　陆　英　马文昊　吴　婕<br>王叶琪　王　言 |
| **插　画** | 岳小渝 |

# 前言

货币从何起源？交子为何出现？汴京的夜市有多热闹？与交子一字之差的交引又为何物？在《汴"金"梦华录：穿越宋朝的财富冒险》一书中，孩子们将跟随宋皓奇的脚步一起前往一个逼真的游戏世界，在游戏中领略北宋的繁荣，在体验中收获财经知识与技能。

在这场冒险里，被困交子务的宋皓奇将如何脱身？高高在上的公子哥最后为何能与宋皓奇称兄道弟？游氏交子铺里又隐藏着什么样的危机呢？这一切的答案，在孩子们翻开本书后便会知晓……

本书的名字或许会激发大部分读者的联想，它正是取自宋代散文家孟元老的笔记体散记文《东京梦华录》，本书向名家著作致敬，也是希望孩子们能够领略博大精深的中华文化。中原文化是中华文化的重要组成部分，河南作为中原文化的核心区域，更有许多值得挖掘和探索的深刻内涵。北宋时期是我国古代经济繁荣的典范，而北宋的都城就在河南。本书以北宋都城汴京（今开封）为背景创作，希望能在传播中华优秀传统文化的同时，更好地与财经素养融合，孩子们可以一边了解与财富相关的知识，一边收获中华文化宝库里的财富。

本书的作者方——中原投资者教育基地，是以河南财经政法大学为建设主体，联合中原证券股份有限公司、中原期货有限公司共同设立的，主要开展多样化投资者教育活动和一站式投资者教育公益服务。中原证券股份有限公司一直关注青少年财经素养教育，并致力于通过品类多样、内容充实、形式有趣的活动提升青少年素养水平，帮助孩子们树立正确的劳动观、金钱观和财富观。

编者

2023 年 12 月

## 中国证券业协会寄语

《汴"金"梦华录：穿越宋朝的财富冒险》是一本内容丰富、立意新颖的读物，它巧妙地将中原历史文化与财经素养相结合，将财经知识与技能融入冒险故事之中，符合青少年的兴趣与发展需要，在启发青少年经济思维、厚植青少年家国情怀方面都有着突出的作用。古今中外，经济学一直是一门促进社会发展、家庭和谐、个人幸福的学科，也与每位公民的日常生活、奋斗梦想息息相关。财经素养教育也是培养青少年应对经济生活所必备的基础性、普适性和萌芽性的综合素质活动。希望青少年朋友能够通过阅读本书，在收获快乐的同时，感受经济的魅力，树立起正确的劳动观、金钱观、财富观，向着自己的梦想勇往直前。

## 上海证券交易所投资者教育基地寄语

《汴"金"梦华录：穿越宋朝的财富冒险》将财经知识融入历史体验游戏中，将枯燥的财经知识用青少年更易接受的方式呈现出来；推动财经知识纳入国民教育体系，丰富青少年财经素养，有助于青少年更好地适应现代经济生活的发展。希望有更多的青少年朋友通过此书收获知识，开阔眼界。

## 深圳证券交易所投资者教育基地寄语

《汴"金"梦华录：穿越宋朝的财富冒险》通过一个冒险故事将历史文化、货币史料、商业知识有机串联起来，是一部有料、有趣、有质量的青少年财商教育读物。选题上，该书立意高远，以风雅大宋为背景，以独特视角再现了清明上河图中的繁华、手艺人的日常和夜市的喧闹，传递了我国古代商业文明鼎盛时期的商贾风貌与文化氛围；形式上，该书特色鲜明，创新性地通过穿越代入式的场景，普及货币的功能、发展及信用等知识，并通过货币运用、商铺运作、策略经营等过程传递财商知识，寓教于乐、融学于趣，有助于青少年树立良好的劳动观和财富观。对于广大投资者教育工作者而言，该书也在实现中华优秀传统文化与投资者教育融合方面做出了有益探索，是一部不可多得的典藏之作！

## 河南证券期货基金业寄语

将投资者教育纳入国民教育体系,是党中央、国务院做出的战略部署,2023年中央金融工作会议明确提出了"加快建设金融强国"的目标。投资者教育保护工作是一项长期的系统性工作,需要市场各方和社会各界的共同努力和参与。"少年智则国智,少年富则国富,少年强则国强"(梁启超《少年中国说》),青少年是未来资本市场主力,从小开始认识金融,了解金融,提高金融素养,有利于其树立正确的人生观、价值观。

青少年财商教育目前已经成为素质教育的重要内容。《汴"金"梦华录:穿越宋朝的财富冒险》,是一本"文化"+"财经素养"的青少年融合主题读本。全书共五章,分十七个小节,让读者跟随本书主人公宋皓奇的脚步通往一个逼真的游戏世界,领略北宋的繁荣,收获财经知识技能。本书内容通俗易懂、行文活泼生动,读后有助于孩子们从小就树立正确的劳动观、金钱观、财富观,坚守诚信观念,增强金融风险防范意识。

希望本书能够获得各行各业,以及更多家长、师生的关注,为青少年财商教育、未来投资者队伍建设贡献力量。

## 引子

- 游戏开启 ·············· 03

## 第一章 · 方圆之间

- 第一节 ● 圆形方孔观天下 ·············· 11
- 第二节 ● 划时代的楮树皮 ·············· 19
- 第三节 ● 误入交子务 ·············· 27
- 第四节 ● 无信用不交子 ·············· 34

## 第二章 · 劳有所获

- 第一节 ● 重走《清明上河图》 ·············· 43
- 第二节 ● 宋朝的手艺人 ·············· 52
- 第三节 ● 重农抑商有了改变 ·············· 62

## 第三章 · 物有所值

第一节 ● 逛逛宋朝夜市 ............ 71

第二节 ● 空空的钱袋子 ............ 78

第三节 ● 柳暗花明的转机 ............ 87

## 第四章 · 交子智慧

第一节 ● 交子铺的难题 ............ 97

第二节 ● 交子铺的赚钱妙招 ............ 104

第三节 ● 交子铺的信誉 ............ 113

## 第五章 · 财富之引

第一节 ● 一字之差的交引 ............ 123

第二节 ● 用交引来赚钱 ............ 130

第三节 ● 度牒交易热 ............ 139

第四节 ● 战时的交引"大盘" ............ 147

## 尾声

............ 155

## ❀ 游戏开启 ❀

"宋皓奇!你怎么又买了这么多游戏!妈妈给你的零花钱又花光了吗?"

同样的唠叨隔三差五就会在这个家里响起。正如自己的名字一样,宋皓奇从小就对历史非常好奇,尤其对于中国上下五千年的历史极有兴趣。闲暇时间里,他热衷通过各种各样的方式,如阅读历史资料、观看历史纪录片、体验历史类游戏等了解历史。

在学习方面,宋皓奇从未让爸妈操心过。可要问起令宋皓奇的爸爸妈妈最头痛的事是什么,他们一定会异口同声地说——"钱"。"宋皓奇完全不会规划自己的零花钱,老是买一大堆稀奇古怪的东西回来,玩了几天就到处乱丢。问他花了多少钱,他也不清楚,我们也很苦恼,不知道怎样才能改掉他这个坏习惯。"宋皓奇的妈妈经常这样发牢骚。

一个周末,早早完成作业的宋皓奇在卧室里研究自己新买的历史类游戏——"汴'金'梦华录"。游戏里精妙的历史文物、趣味的生活场景、精彩的人物对话让宋皓奇完全沉浸其中。他常常想:"如果我能穿越到这款游戏里该多好,真想真实地体验一下宋朝人的生活,那一定很有趣!"

当宋皓奇跟随游戏中的主人公跨进汴京城的城门时,恢宏气派的城门让他感受到一股扑面而来的历史厚重感。

就在这时,电脑屏幕的正中央出现了一行大字"经检验,该玩

家为本次'探险'对象，系统申请接入……"随即，满屏的白光映入眼帘。滋滋滋……一顿晕眩后，宋皓奇便失去了知觉……

不知道过了多久，"滴！"一个陌生的声音出现在了宋皓奇的脑海里。他一下惊醒，此时的他正平躺在一条寂静无人的小道上，正对着他的天空上居然飘浮着一行字——"已接入游戏系统"。

"这是……这是什么情况？什么系统？"

宋皓奇惊讶地看着周围陌生的环境，不知所措地在小道上躺了许久。

"不能就这么一直躺着吧……"等惊讶慢慢散去，宋皓奇心中这样想着。他一手撑着地面站了起来，向着不远处有响声的方向缓缓走去。

原来发出声响的地方是一扇陈旧的大门。宋皓奇虽然不知道推开这扇门会出现什么意想不到的场景，但好奇心还是驱使他将双手放在了大门上。

# 咔嚓！

紧闭的大门向外裂开了一条缝，皓奇透过缝隙往里探了探。"这街道怎么有点熟悉，好像在哪里看见过啊？哎呀，不管了！三、二、一！"宋皓奇用力推开了这扇大门，映入眼帘的场景惊得他张大了嘴巴，愣在了原地。

面前来来往往的行人穿着各式各样或繁华或秀丽的北宋服饰，马匹被马夫牵引着，有序地穿梭于宽敞的街道之中。街边摆摊的小商小贩在摊前奋力吆喝着，吸引着行人的目光。这景象让他有些愣神——他微微皱眉，心中充满了疑惑和不安，这个陌生的世界与他所知的地方似乎有着天壤之别。他迟疑地迈进了大门，东张西望地走在街上——"哎，那个'金华服饰店'不就是我玩的那款游戏里换装的地方吗？那个"小二馄饨店"是我游戏中补充体力的地方！那个'张半仙'我认识啊，我还请他给我指过路，还有那个……这个街道，这个布局！难道，我穿越了？我真的穿越了？"震惊、怀疑、迷茫，宋皓奇再次呆在了原地。

"亲爱的玩家，恭喜您完成了意识觉醒，正式进入了繁华的宋朝。

我是您本次探索行动的指引管家，系统在全面分析了您的日常行为后，发现您的各项特性完全符合本次探索行动所期望的特征，因此，系统锁定您为本次探索行动的体验对象。若确认开始探索，您将沉浸式体验宋朝人民的日常生活，结识各行各业的宋朝人士，体验新奇有趣的历史活动，这将是一次与电子游戏完全不同的体验。但切记，一旦开始，便不能轻易退出，需要达到系统设定的任务目标才能离开游戏世界，重返现实生活。请认真思考后回答，您是否愿意加入本次探索？"

宋皓奇仔细地聆听着系统的介绍，细细思索着："虽然有一定的挑战风险，但这可是一次真正穿越到宋朝的机会啊！这可比只看书里的文字和视频里的介绍有趣多了！而且，我学了这么多历史知识，怎么说，也算半个'历史通'了，区区一个历史游戏，还能难倒我不成？"宋皓奇越想越兴奋。

> 我接受挑战！
> 我要加入这次探索！

> 好的
> 系统确认中……

"确认完毕，探索即将开始……请您先仔细查看这幅地图，这里一共有五个游戏区域，每个区域都设置了特定任务，系统将全程跟进您的任务行为，并进行评级，根据不同的任务完成情况，您有可能获得 SSS、S、A、B、F 级评级。请注意，只有该地图的任务完成情况不低于 A 级，您才能够开启下一张地图，若未能达到 A 级及以上，则需要重新进行挑战；否则，您将永远地停留在这一地图区域。当五张地图的任务均达到规定评级时，您便可以重返现实世界。相信那时候的您已经看遍了大宋的万水千山，体验了大宋的风土人情，在其他方面也会大有收获。亲爱的玩家，您准备好了吗？祝您探索顺利！"

# 第一章

## 方圆之间

# 第一节
## ◆ 圆形方孔观天下 ◆

系统话音刚落,宋皓奇便迫不及待地策划起了自己的冒险之旅。

"看看地图,嗯……从哪里开始呢?这里有点远,这里……"正在思索着,美食的香味渐渐地从四面八方袭来,"咕咕……"宋皓奇的肚子被美食的味道勾得咕咕直叫。

"先吃饭吧!吃饱了才有力气思考。"宋皓奇迅速把地图收好便向旁边的美食一条街迈去。

胡饼、毕罗、馄饨……宋朝的美食也太多了吧!看着都好好吃啊!宋皓奇在美食街里四处逛着,似乎很难决定自己要吃什么。

"小客官!来试试我们家的汤饼吧,可好吃了,吃过的人都想吃第二次呢!"一位看上去很和蔼的女老板吆喝着想让宋皓奇坐下。

"汤饼?这东西听上去倒是新奇。"宋皓奇立马凑了过去端详起来。原来,这"汤饼"的"汤"说的是用羊骨熬制出来的汤或者热水,而"饼"就是将一坨白面团切成一片一片地放入汤里煮,白花花的面片在汤汁中争相翻腾,迎面吹来的风里都夹杂着浓郁鲜汤与清香谷物的气息。

"这不就是我们的面片汤吗!"这可正中了宋皓奇的胃口。

"老板!麻烦给我来一碗汤饼。"他开心地说道。

"好嘞!马上来!"

等待汤饼的时候,宋皓奇就坐在摊位旁的椅子上看着来来往往的

商贩与客人,大家都笑脸盈盈地互相交谈着。

"宋朝的人真热情,好玩的、好吃的又很多,这次冒险肯定很好玩!"

宋皓奇正美滋滋地想着,"砰"的一声,老板已经把汤饼放在了宋皓奇的桌前,"小客官,请慢用!""好嘞,谢谢老板。"热乎乎的汤饼实在是太香了,宋皓奇大口大口地吞咽着,几口就吃完了。

宋皓奇满足地摸摸肚子,朝着老板询问道:"老板,这一碗汤饼多少钱啊?""八文钱,小客官",老板搓了搓手,笑嘻嘻地向宋皓奇走来。"好嘞!老板,你们付款的二维码在哪儿啊?"宋皓奇一边探头找着二维码,一边摸自己的裤兜找手机。

"马?什么马?客官,你是说你的荷包在马身上吗?"

闻言,宋皓奇一下子愣住,与老板对视起来,两只眼睛都充满了疑惑。"等等,八'文'钱!哎呀,这是在宋朝啊,哪有二维码呀!"

宋皓奇一下反应过来，被自己逗笑了，"没事，没事，我胡说的。"他有些尴尬地向老板解释道，放进裤兜里的手没摸到手机，倒是带出来了几个小圆片。宋皓奇瞅了瞅，这是……这是铜币？！我在历史书上看见过，真的跟书上写的一样！惊喜之余，他赶紧数了数手里的铜币，递给了老板结账。"好嘞！谢谢小客官，下次再来！"老板接过铜币，乐呵呵地走开了。

宋皓奇坐在椅子上，继续研究着这几个铜币，整体的形状是圆圆的，中间有一个小方孔，铜面上镌刻着"至和通宝"这四个字。他一下子反应过来："这是至和年间！历史书上说了，宋朝铜币上镌刻的文字与所处年号有关，宋太宗太平兴国元年所铸的铜币叫作太平通宝；宋仁宗庆历五年所铸的铜币叫作庆历重宝，至和年间所铸的铜币叫作至和元宝、至和重宝或者至和通宝。"宋皓奇高兴极了，他居然真实地验证了历史书上的文字！他用拇指和食指轻轻地摩挲铜币：冰冰滑滑的金属质感，表面凹凸不平，在手里掂了掂，还挺有分量。他情不自禁地欣赏着这些古老的铜币，这些铜币在他手中仿佛叙述着历史的故事。这一刻，他真实地感受到了穿越时空的奇妙体验。

正在思索着，一位衣着简朴的白发老爷爷在他身旁坐了下来，笑眯眯地打趣道："怎么了，小客官，没见过铜币吗？""嘿嘿，确实没有真实看见过。"宋皓奇随口回答道。旁边的老爷爷闻之一愣，宋皓奇突然意识到自己又说错话了，立马说道："哈哈哈，以前都是爹娘管钱，这是他们第一次给我零花钱。"

老爷爷听闻,疑惑的表情消失了,随即哈哈大笑起来,继续说道:"那你可要保管好哟,这可是你自己的钱,你得好好想想该怎么用。"

"买游戏!买好吃的!"宋皓奇在心里谋划着,越想越开心。

"现在的钱用起来方便多了。"老爷爷在一旁独自感叹道。

宋皓奇一下被勾起了兴趣:"爷爷,在铜币发明出来之前,人们是用什么钱买东西的呀?"

老爷爷闻之开心地大笑起来:"哈哈哈,小客官,这你可算是问对人咯,从我爷爷的爷爷的爷爷的……咳咳!总之,很久以前,就流传下来一本册子,里面就详细讲了钱的发展历史,你想不想看呀?"

"想看!想看!"

"哈哈哈,那你等等爷爷,爷爷去取来。"

宋皓奇连忙应和着。不一会,老爷爷就揣着个小册子赶来了。

翻开这本小册子，老爷爷顿了顿，微微仰头，似乎勾起了他很多的回忆。他淡淡地讲道："在最早的时候呀，人们都习惯用贝壳买东西，但可不是随便捡一个贝壳就能当钱用！那是很有讲究的，大小、形状都得差不多，贝壳上面还得打一个小孔，人们会用线或者绳子穿过这些贝壳的小孔并系在腰间，然后就可以带着这些贝壳出去买东西了。"

"但是，贝壳钱放久了不会烂掉、臭掉吗？"宋皓奇疑惑地询问道。

"哈哈哈，是有可能的，而且你想想，贝壳一般在什么地方才会有呀？"

"海边！"

"对啊，所以一般住在海边的人可能会有很多的贝壳钱，住在陆地的人所拥有的贝壳钱就没有那么多，于是只能用石头、陶、骨头这些东西来制作钱币，逐渐地，不同地方的人们使用的钱就五花八门、奇形怪状的，混乱极了，使用起来很不便利。"

宋皓奇仔细地听着，觉得很有道理，便赞同地点点头，"那后来呢，有没有什么东西改变了这种情况呢？"

老爷爷继续往后翻了翻，"后来，到了秦朝，秦始皇就开始想办法统一钱币，他发行了名为'半两钱'的铜币，还规定了只有秦朝中央朝廷才能铸造和发行半两钱，只有黄金和'半两钱'具有钱的功能。"

"你可别小看这个规定哟，这是我们历史上第一次尝试统一货币，后来魏晋南北朝时期因为各种政权更迭的乱象，没有统一的货币政令，这个时期的货币发展就极其混乱。直到唐高祖李渊上位后才改革了货币制度，废除了"五铢钱"等旧币，并取'开辟新纪元'之意，统一铸造发行了'开元通宝'铜币，再一次统一了铜币，并且在这之后，

咱的钱币才不再以重量为名称，而是以纪年为名称。"

"原来以年号为货币名称是这样来的。"宋皓奇之前觉得自己懂得很多历史知识，现在发现自己只知其皮毛，不识因果，听了老爷爷的介绍，他感慨极了。

"后来，我们一直沿用了这种圆形方孔铜币的样貌，只是时常因朝代更迭变换铜币刻字，不过总的来说，现在统一的铜币比起之前混乱时期用的钱方便多了。"

老爷爷继续补充道："铜币的大小很合适，重量也统一，携带和使用起来都十分方便，而且铜的材质不容易变质，可以储存很久，我们老百姓都觉得很方便。孩子，你可别小瞧这铜币呀，这钱对于社会经济的发展可重要了。简单来说，铜币稳定了、方便了，人们就爱用铜币去买东西，用东西去换铜币，整个社会的经济就流动起来了，人们之间也热络起来了。为了赚取更多的铜币，人们会想出各种各样有趣的活动，比如，制作精美新奇的物品来售卖，人们围绕着'钱'不断创造、不断收获，这就塑造了一个充满活力、新颖且丰富有趣的世界；要是这钱没用了，官府就修不了房子，造不了城墙，人们就没有动力去种庄稼，没有心思制作好看的衣服，咱老百姓连吃穿都成问题咯，国家的生存也就危险咯。"

宋皓奇仔细地听着老爷爷说的话，觉得简单而又沉重。他拿起一枚铜币，透过中间的方孔看向天空，感觉这枚铜币的重量又增加了几分。

## 知识卡片

### 货币发展历程

　　生活在原始社会的人们没有固定货币，只能通过交换各自物品的方式获取自己想要的东西；随着时间的推移，人们将贝壳、骨头等自然物作为货币进行交易；脱离原始社会后，人们将金银条块等稀有物品当作货币使用；进入封建社会后，统治者铸造了统一货币，使得交易更加公平、便利。然而，铜币不适用于大额交易，所以人们研发了纸币。如今，随着科学技术的快速发展，人们已经可以使用手机等通信设备进行线上支付，无须依托实物载体，交易起来更为便利、快捷。

## 北宋铜钱的名称

北宋时期（960—1127年）是中国货币文化发展的一个重要时期。这一时期，北宋朝廷发行了多种类型的铜币，其名称主要取决于其铸造者。

**宋银圆** 这是北宋朝廷发行的一种银币，也被称为"银元"。

**宋铁钱** 这种铜钱的铸造者是北宋政府，主要用于战争和外交。

# 第二节
## 划朝代的楮树皮

"小客官！小客官！"

宋皓奇兀自沉浸在自己的思绪中，甚至没听到老爷爷对他的呼唤。要知道他可是个不折不扣的历史迷，现实生活中只要听到有人谈及与历史有关的话题他就忍不住竖起耳朵，停下脚步静心聆听，更不要说如今误打误撞进入了以北宋为背景的游戏世界，还能从这个朝代的人口中听到有关货币的演变历程，这如何不让他感到兴奋呢？

老爷爷看着宋皓奇如同入定般一动不动，对自己的呼唤也没有反应，心中不禁奇怪："这孩子不会是不相信我说的话吧，怎么一点反应都没有？"老爷爷不得不伸手轻轻拍了拍宋皓奇的肩膀，这才将他的心神唤了回来。

宋皓奇对于老爷爷面面俱到地为自己科普货币的发展史，自己却在一旁溜号，感到有些羞愧，肉乎乎的脸上不禁染上了红晕。他立即向老爷爷表达了自己的歉意："爷爷，非常抱歉，刚才是我没有听到您的呼唤。主要是您讲得太好了，我一不小心就沉醉其中了，还要麻烦您多给我说一说这些知识啊，我实在是太好奇了！"

老爷爷闻言展开了笑容，连带着脸上的褶子也多了几分，摆摆手表示不在意，说："小客官真是好学啊，将来一定是个有大作为的人，错不了的。"

宋皓奇听到后不好意思地摸了摸自己的后脑勺说："爷爷，我名叫宋皓奇，您如果不介意的话唤我皓奇就好。"

老爷爷哈哈大笑，"皓奇，好奇，果真是个好名字啊，和你的个性倒是相符。皓奇，那我就再和你说说这些货币吧！你可知道目前比铜币还要方便携带的货币是什么吗？"

宋皓奇听到老爷爷提出的问题后，便很快反应过来，心想："历史上北宋最具有代表性的货币不就是交子吗？"但他并不确定自己目前所处的时期是否已经出现了交子，若是不管不顾地说出来反而被发现自己异世界的身份就不好了。就在他揣着明白装糊涂打算开口的一瞬间，周围的一切都不动了，整座城就像被按下了暂停键，只有他自己能够自由活动不受干扰。突如其来的变故吓了宋皓奇一跳，以为是游戏世界出现了故障，不禁害怕自己再也无法回到现实世界。

是的，宋皓奇虽然对这个古色古香的世界充满了探索的欲望，但他也清楚地意识到这只是一个虚幻的游戏世界，他不得不告诫自己不能沉溺其中，不然很有可能再也回不到现实世界了。

若是宋皓奇的父母知道他现在在想些什么，一定会感到惊讶。之前的宋皓奇十分沉迷游戏，对父母多次的严厉管教也无动于衷。但进入游戏世界后他待人有礼，自制力也得到了提升。或许宋皓奇还没有察觉到自己的改变，但是随着旅程的深入，他必定会对这些变化有更深刻的理解。无论如何，这些转变对于他来说，都是一个充满希望的开端。

正当宋皓奇对眼前的现象感到困惑时，一段时间未见的游戏系统突然出现向他解释了这一现象——系统即将为宿主发布任务。宋皓奇的眼前弹出了一个窗口——"寻找划时代的钥匙，正式开启游戏。"

"搞了半天,刚才我就是在新手村转悠啊!另外,划时代的钥匙是什么?"宋皓奇喃喃自语。然而,系统无法给出答案,仅留下一句"答案需要宿主自行探索"便再也没有给出任何提示。

"如果能看一看别人的口袋里有什么样式的货币就好了。"宋皓奇出神地想着。"对呀!这可真是个好主意。现在是'子弹时间',我可以偷偷看一眼,再把钱原封不动地放回去。"宋皓奇立刻起身,心中默念了一句"抱歉",随即便在旁边人的口袋中找到了一张交子。在确定这个时期已经存在交子之后,他快速地回到了老爷爷身边。当他坐在老爷爷身旁的那一刻,一切又恢复了原样,耳边再次充斥着商贩们吆喝的声音,感受着旁边老爷爷注视的目光。

"是交子!"宋皓奇迫不及待地回答了老爷爷的问题。听到这个答案,老爷爷脸上显出赞许的神色。宋皓奇看出了老爷爷的愉悦,眼眸一亮,心中暗暗想着自己果真没想错。

"皓奇,你看,我们现在用的便是目前使用最为便捷的货币了。你摸一摸它有没有什么发现呀?"宋皓奇两只小手轻轻扯了下交子,对老爷爷说:"爷爷,交子摸起来很有韧性呢。"老爷爷笑眯眯地说:"嘿,你这孩子虽然年纪小,倒是慧眼如炬。交子是以楮树皮为原料制成的,这种原料制出的纸坚韧耐磨,非常实用,因此交子又被称作'楮币'。"

宋皓奇猛烈地点了点头。老爷爷观察宋皓奇的神情就知道他对这个话题十分感兴趣,便继续往下说:"这纸币'交子'最初是由繁荣的商业贸易带来的。对于经常远行的商人来说,无论是铜钱还是铁钱,大量带在身上都是不太方便且不安全的。这时就有聪明人想出了一个好办法解决这个难题,于是就诞生了'交子'。许多远行做生意的富商将钱存在交子铺里,然后得到一个写了存款金额的票据,之后便可以凭借这个票据在各地的交子分铺里取钱,方便得很。"

"爷爷,我听说后来交子的发行变成了官办,这又是怎么回事呢?"

"唉,这就是个有关信用的故事了。那时的四川一带,市场主要用的是铁钱。一开始经营交子的是16家较有实力的钱庄。人们普遍接受交子作为铁钱的代用品后,这些钱庄却动起了歪脑筋,不仅向存钱的客户发行交子,还把收入的钱拿去做新的生意。终于有一天,人们口口相传交子铺用客户的钱买房买地,存进去的钱可能取不回来了。这种传言使得人心惶惶,于是大家对这几家交子铺失去了信心,交子的兑换也变得混乱不堪。最后,官府出面接手了混乱的局面,由官府的信用作为担保并成立了交子务。说到这里,老夫不由得想要啰唆几

句，信用是十分重要的。皓奇，你一定要做一个言而有信的人呀！"

宋皓奇郑重地点了点头，并提出了他的下一个疑惑："爷爷，交子务在哪里啊？"此时，宋皓奇身边的一切再次暂停，脑海中出现了一个声音："叮咚，恭喜宿主完成第一个任务，成功找到答案。本次任务作为该区域任务组成部分，纳入该区域任务评级考核范围，完成本区域所有任务解锁最终评级。接下来将会把您传送到下一个任务点——交子务,期待你之后的表现哦。"

宋皓奇再次睁开眼时发现自己已经来到了另一条街道上……

## 知识卡片

### 交子问世的重大意义

交子的出现,便利了商业往来,弥补了现钱的不足,是我国货币史上的一大成就。此外,交子作为我国乃至世界上发行最早的纸币,在印刷史、版画史上也占有重要的地位,对研究我国古代纸币印刷技术有着重要意义。

## 唐朝飞钱与宋朝交子

飞钱是唐朝出现的一种汇兑票据,也称为"便换"或"便钱"。它是由商人将钱币存放在京城或其他地方的机构或富商处,取得的一张凭证,其票面写明存款地点、数额、姓名等信息。商人到达其他地方后,凭借这张凭证可以取得相应数额的钱币。飞钱和交子的区别主要表现在以下三方面:

### 飞钱和交子的使用方式不同

飞钱只能用于存取款和兑换钱币,不能直接用于购买商品或服务;而交子可以用于存取款、兑换钱币、商品或服务等。

### 飞钱和交子的使用要求不同

飞钱只能由持有者使用,不能转让给他人;而交子可以由任何人使用,可以自由转让给他人。

### 飞钱和交子的票据面额不同

飞钱是定额的票据,不能根据需要选择使用;而交子有不同面额。

## 第三节
## 误入交子务

宋皓奇看着有些陌生的街道，心中还有点淡淡的不舍。他刚才还在和老爷爷谈笑风生，甚至没有来得及和老人家告别就被传送到了新的地方，心里自然是有些不好受的。"不知道爷爷有没有被我的突然消失吓到啊，完成游戏后我一定要写封信到游戏公司，好好吐槽一下！"宋皓奇在心里叹了口气，这是他以前玩游戏时从来没有过的感受，他从来没有如此地看重自己与一个NPC（非游戏玩家，游戏中引导玩家行为的系统人物）之间的感情。

宋皓奇环顾四周发现还是宋朝的风景民俗，心中稍稍感到宽慰："至少我还在宋朝的故事背景……刚才和爷爷聊了好多话，我先买杯茶喝再想想接下来要做什么吧。"少年抬起手臂给自己做了一个加油的动作。

"等等，我口袋里还有多少钱来着！"宋皓奇突然想起，立刻伸手在衣服中摸索了会儿，从中掏出了寥寥无几的"小圆片"。"完蛋了，钱要花光了，我必须赶紧找份工作养活自己，不然就要流落街头了。"

街上过路的行人看着少年一动不动地站在原地，脸上的表情一再变幻，一会笑逐颜开一会又哭丧着脸。"这小子看着有点吓人啊，我还是离他远

点吧。"过路人心中想着,脚步默默地往旁边移了移。

宋皓奇眼角的余光瞥见了过路人的反应,有点哭笑不得。他不好意思地摸了摸自己的后脑勺,不想再被过路人误会,便快步向着前面一个比较热闹的地方走去。

很快,他来到了一个满是喝彩声的地方,这地方他知道,是宋朝的娱乐聚集地——瓦舍。"哇!原来瓦舍里不仅有各种文娱表演,还有贩卖衣服、药物、餐食以及艺术品的小摊,真是一个玩乐的好地方。"

宋皓奇的目光很快被一位说书人吸引了,他正独自在台子上表演,丰富的表情配上夸张的动作,口若悬河、绘声绘色。一个人、一张嘴,就能演绎万马千军,让听众如身临其境,如痴如醉。一把折扇、一块

醒木，简简单单的两样东西就能使故事讲述得生动活泼又不失秩序。

宋皓奇眼珠一转："我也挺会讲故事的，再说我玩了那么多游戏，不如就用说书的方式赚取我的第一桶金吧！"宋皓奇很久之前就听说过"宋有讲史，元有平话"的描述，如今切身感受后，觉得果真名不虚传！

宋皓奇一边听书，一边思索着自己要讲些什么内容，是包含虚构灵怪的"小说"，还是有关前代书史文传的内容呢？"毕竟现在身处宋朝不好大肆谈论当前的情况，万一说错话可就不妙了。正如台上的说书人提到了唐朝的飞钱，这飞钱与如今的'交子'相似，但他却没有过多提及本朝的纸币而是将重点放在了唐朝钱币的演变上。"他谨慎地想着。

此时，台上的说书人恰好提到了交子的印发机构——交子务。再次听到这个名称的宋皓奇不禁叹了口气，"哎，如果不是为了生计，我一定先去交子务看一看，近距离观察交子的制作。"

这还是宋皓奇离开父母后第一次感受到金钱带来的困扰。想到这里，他不禁也为自己之前不懂节制、大肆购买游戏的行为感到心虚，甚至有些怀念现实中"挥金如土"般的生活，于是他再次长叹了一口气。

旁边的人听到小小的少年接连叹气，表现出几分与年龄不符的成熟来，忍不住询问宋皓奇缘由。宋皓奇没想到自己的叹气声被别人注意到了，忸怩地表示自己也想上台说书，但第一次尝试有些紧张，而且家中急需用钱，又特别希望能够得到听众的赏钱。旁人听了心中想着，这孩子踌躇的姿态，看着不怎么适合说书啊！但面儿上还是拍了拍他瘦弱的肩膀，为他加油。

说书人的节目很快在大家热情的掌声中结束了，宋皓奇只好硬着头皮走上台开始他的表演。所谓"强扭的瓜不甜"，结果可想而知，理想和现实的差距太大了，专业的事情怎么可能是人人都做得好的呢？

待他沮丧地走下台后，之前与他搭过话的人轻轻抚摸了下他的脑袋说："小兄弟，我看你对交子蛮有兴趣的，手头又紧且急需用钱，正好最近交子务正在招工，你何不去看看？"伴随着这句建议的结束，一道声音也在宋皓奇脑中响起："任务一：在交子务做工，完成监官布置的任务"。

对啊，宋皓奇一拍脑门，他光顾着想挣钱的事了，忘记传送前游戏系统告诉他前往任务点交子务的事情了。"这真是一举两得，既能够挣钱又能够完成游戏任务。"他内心这样想着，连忙向那人道谢并询问了交子务的方位，然后喜滋滋地离开了瓦舍，向着交子务的方向去了。

来到交子务门口，宋皓奇果真见到招工启事张贴在墙上，还有人在一旁吆喝着。他迫不及待地上前报名，然后跟着吏人去了交子务。

> 吏人简单介绍了交子务便布置了第一个任务：前往抄纸院制作交子。宋皓奇这才恍然大悟，交子务是交子的印发机构，制作主要由抄纸院进行，纸张的生产与交子的印制是相对独立的，两者相互牵制。

制作楮皮纸主要分蒸皮、踏碓、切番、打浆、抄纸五个步骤，其中最后一个步骤是最难的。不巧，宋皓奇正好被分配到了抄纸的岗位。他看着其他工匠熟练地将纸浆放在池内搅拌，用竹帘轻轻一荡一摇，就形成了一张纸膜。"这有什么难的，对我来说是小菜一碟。"宋皓奇可谓"初生牛犊不怕虎"，对此不以为意。可哪知自己一上手便错漏百出，一张纸膜都没有成型，不是这里缺一块，就是那里少一点，不是这里厚了，就是那里薄了。旁边的工匠见状虽有些无奈，但还是上前耐心教学。宋皓奇心中羞愧难当，决心要学会这门技术！有了一对一的教导，宋皓奇逐渐掌握了技巧——纸浆必须摇匀，力道不能轻也不能重。失败了许多次后，宋皓奇终于抄出了自己的第一张合格的纸。

做完抄纸的工作后,他被派去印刷处继续学习。仔细观察后,他发现制作出的交子分成了三部分——上部、中部和下部。宋皓奇一边观察着,一边向吏人请教这样排版的原因。吏人见他做事麻利,又好学上进,便耐心地向他解释——上部中特殊的印记以及下部中复杂的风俗画主要是防止民间伪造。"原来是防伪技术!"宋皓奇听完后不禁敬仰起古人的智慧来了。

一天的工作完成后,他和吏人说明自己想要领取工钱并且离开交子务,吏人果断拒绝了他的要求。

宋皓奇意识到这可能是保护货币安全性的一种方式。可他也不能一辈子待在这里吧!他还想要回家呢!

此时系统的声音响起:"本次任务评价为S级,希望宿主再接再厉!"宋皓奇的面前突然出现了一个金光闪闪的评级,眼前原本模糊的地图渐渐变得清晰,他越来越激动,"还好有系统帮我瞬移,这也太简单了!我马上就能回家了。"

宋皓奇缓缓地闭上了眼睛,等待传送开启。

可是,令他没想到的是,他再次睁开眼时发现自己竟然还在交子务内!这是怎么回事?此时的宋皓奇彻底慌了……

## 知识卡片

### 交子务保护交子的安全

宋朝交子务设立之初,仅设主管监官1人,大观元年(1107年)五月,"改交子务为钱引务……所用之纸,初自置场,以交子务官兼领,后虑其有弊,以他官董其事"(元代人费著《楮币谱》)。这里显然是为了防止官吏作弊,运用管理中不相容职务的原则,通过分设纸币制印官员和币纸制造官员,使他们互相牵制、互相监督,以避免一人兼管而可能导致作伪的弊端。

## 第四节
## ◇ 无信用不交子 ◇

　　天色渐晚，工人们也开始收拾交子务内的工具准备回宿舍。看着大家陆陆续续地离开，宋皓奇只能苦恼地蹲在门前。

　　这时，一位年长的工人走到宋皓奇面前，蹲下身问："小兄弟，你怎么瞧着没精打采的？来来来，今天我这有上好的卤牛肉，你可算是有口福了。"热情的老工人拉着宋皓奇的胳膊站了起来，宋皓奇跟跟跄跄地跟着这位老工人回到了他的房间。老工人小心翼翼地打开油纸包，拈起一片卤牛肉放进嘴里，心满意足地咂咂嘴。宋皓奇的肚子也"恰合时宜"地响了一声，老工人爽朗地笑了起来，将油纸包往宋皓奇那推了推："别客气，想吃的话就自己拿，管饱！"看着宋皓奇一边嚼着牛肉一边含糊不清地道谢，他的眼中满是慈祥："瞧着你这年纪也跟俺儿差不多大，不如你就唤我一声乔叔。"

宋皓奇立刻乖巧地问好:"乔叔好,我叫皓奇,今日多谢您款待了。"乔叔摆摆手,说道:"几块牛肉而已,哪里算得什么款待。等有机会,我请你去汴京城外,到一品大酒楼吃饭,那儿的菜才叫美味佳肴呢!"

"能离开这里?"宋皓奇眼中一亮,心里如此想着。

他一边和乔叔天南海北地闲谈,一边悄悄打量着对方——接近知天命的年纪,依然中气十足,眉目间还隐隐带着管理者的威严,想来这位也是交子务的吏人,说不定会是自己逃离交子务的突破口!

宋皓奇斟酌了许久,试探地开了口:"乔叔,咱这儿的工人没有日结工钱的吗?"乔叔点点头,向宋皓奇介绍了交子务中技法的保密等级之高,以及过往几次险些造成的泄密危机。宋皓奇认识到了这交子务对交子、对国家经济的重要性,但心情也更沉重了些,想找到逃生之门看来是难上加难啊!

乔叔吃饱喝足,开始感叹道:"过去啊,钱不值钱!一匹像样的绢布要花五百斤铁币才能买到,可谁没事会背着几百斤铁币逛街市啊。好在有那聪明的,想出用这交子纸币的法子交易。"

乔叔打了个嗝,继续说道:"可这到底只是一张纸,人们用起来还是惴惴不安。要说以前,是这蜀内知名的十六铺为交子联合担保,后来官家亲自出面作保,设立官营的交子务,我们这帮人也才有了个饭碗混。"

宋皓奇点点头,附和道:"正是起初交子铺户恪守信用,而且所印交子有一定的防伪功能,所以打响了名声,越来越多的人选择用交子进行交易,使交子逐渐具备了信用货币的性质和职能。"

乔叔一怔，随即大笑起来："信用货币……好一个信用货币！这交子也确实是依托人们的信用而诞生的货币，不然这东西说破天也只是废纸一张，哪比得上真金白银来得实在？你这小儿倒颇有见地，不错不错。"乔叔又呷了一口茶，用鼓励的眼神望着宋皓奇，似在期待他再说些什么。

宋皓奇把过去关于交子的知识在脑中想了个遍，清清嗓子开口说道："的确，这交子算得上是对金银本位的补充，这里贸易太发达，流通的货币数量太大，铜钱、白银外流现象太严重，市面上缺钱，交子的出现的确解了'缺钱'的燃眉之急。但是——"

宋皓奇话锋一转："水能载舟，亦能覆舟。倘若官家不重视这信用货币的发展，只顾敛财中饱私囊，失去了百姓的信任，那这原本利国利民的交子就将成为国破家亡的催命符！"

乔叔敛去了玩笑的神色，沉默地又饮了两杯，缓缓开口："其实，我今日瞧见你跟另一位管事要求日结工钱了，其他人来交子务是为混个长久饭碗，你小子倒和微服私访体验生活似的，干一日就撂挑子，倒是有意思。所以，我才主动和你搭话，想看看你这小葫芦里到底卖的什么药。没想到啊，没想到，你这小儿肚子里还真有些真材实料。也罢，莫要留在这里了，去寻一片更广阔的天地吧，休要浪费了你的才智。"

宋皓奇激动了起来——他有机会离开了！

宋皓奇放低声音道："那该如何离开这交子务呢？还望乔叔不吝赐教。"

乔叔的眼神霎时变得清明,他摸摸胡子笑道:"这交子务正门已落大锁,也没有狗洞可供进出,只有一个运夜香的侧门,二更天时会开放,供马车进出,你到时候只管猫在一侧,剩下的交给我。"

宋皓奇当即站了起来,冲着乔叔鞠了一躬,答应他以后若有机会一定再来拜访。

二人谈天说地了许久,估摸着二更的梆子将要敲响,宋皓奇便起身准备告别。临出门时,乔叔抛来两块碎银子:"今日辛苦了,这是你的酬劳。"宋皓奇道谢后便攥着银子一路走到侧门边,将自己藏在半人高的杂草后面,不一会就听到赶车的声音——倒夜香的车来了。

宋皓奇踮着脚尖,看到乔叔走上前与看守攀谈起来。趁着二人聊天的空当儿,宋皓奇将自己缩在马车的阴影之下顺利逃过了检查,离开了交子务。

当站在交子务的胡同后巷时,宋皓奇仍有些不真实之感。他靠着墙坐下,手指慢慢抚过身下青砖的纹路,感受着历史的呼吸与脉搏。这时,远处似乎亮起几缕灯光,有吵嚷声顺着风飘来:"逃了一个今日刚来的小子,应当是从侧门跑的,大家快追!"看来是交子务的人发现他逃跑了,宋皓奇拔腿就跑,在小巷中左拐右拐了不知多少弯,直到小路尽头。

右侧与前方都是冰冷的石墙,身后似乎传来了凌乱的脚步声,宋皓奇咬咬牙,推开了左侧的院门,闭着眼闯了进去。沉寂许久的系统也在这时突然发声:"检测到宿主成功逃离了交子务,'货币演变'任务结束,恭喜您解锁下一个任务'职业风云'。"

一阵强光袭来,宋皓奇感觉自己被吸进了一个地方……

## 知识卡片

### 北宋纸币信用的建立

千年之前,北宋天圣元年十一月,也就是1024年1月的一天,京城开封金碧辉煌的皇宫之中,传出了一道永垂青史的敕命:"置益州交子务。"这道短短的敕命,宣告了世界上最早的"中央银行"——益州交子务诞生了。两个多月后,天圣二年二月二十日(1024年4月1日),世界上最早的纸币交子,在成都由益州知州薛田主持发行,数额为125万贯。

# 第二章

## 有所获

# 第一节
## 重走《清明上河图》

宋皓奇睁开眼睛,才发现这束强光的来源居然是一幅巨大的画。

画卷有五米多长,飘浮在空中,其中的人、牲畜、大小船只、房屋、桥梁、城楼等各有特色。宋皓奇凝神去看,发现其中的人物竟然动了起来,这幅画活了!宋皓奇愣神之时,系统的机械音再次响起:"《清明上河图》,中国十大传世名画之一,为北宋风俗画,展示了汴京以及汴河两岸的自然风光和繁荣景象,是北宋画家张择端仅见的存世精品,属国宝级文物。"

宋皓奇正想开口问几句,又被系统的机械音打断:"恭喜玩家接受新任务——职业风云。欢迎来到——《清明上河图》。接下来的时间里,请您好好体验《清明上河图》中的生活,了解北宋

的职业。"

话音刚落,宋皓奇便被吸入画中。

"让开让开,别挡在路中间!"听到吆喝,宋皓奇赶忙闪向一旁,看到五头毛驴正驮着装满木炭的竹篓往前走着,身后有两个农夫打扮的人扬着鞭子催促毛驴加快步伐。宋皓奇想:"估计这就是宋时运炭的驴队,不如跟着他们走一段。"

于是,他跟在驴队的后面,一边走一边打量着周边的景色——广袤的田野边河渠纵横,微风撩过新发的柳枝,伴着驴蹄的踢踏声。宋皓奇被汴京农村的早春之景扑了个满怀。

行过小桥,宋皓奇看到一个简单的茶水小铺,门前搭着凉棚,几张条桌条凳便是所有。搭着汗巾的伙计忙里忙外,还热情地招呼宋皓奇进来小憩。宋皓奇转念一想,不如就坐下品一品这汴京的风土人情,于是欣然应下。小二引着宋皓奇到一张空桌前坐下,可竟有一位故人正坐在前方!

宋皓奇三步并作两步跑上前,躬身作了个揖:"爷爷!许久不见,甚是想念。"男子转过身来,正是之前为宋皓奇介绍铜币的老爷爷!老爷爷再次见到宋皓奇也有些惊讶:"皓奇小友,不承想能在这里见到你。我休了旬假返乡探亲,你又缘何到此啊?"

宋皓奇摸了摸头发,有

些不好意思地说:"我想好好在这汴京转一转,只是苦恼没有向导。"来倒茶的伙计插了句嘴:"小哥,那你可以请张老带着你转转,他可是这远近闻名的'百事通'啊。"

张爷爷摆摆手说:"'百事通'谈不上,不过领你去些有趣的地方还是不在话下的。"宋皓奇十分惊喜,连连道谢。

就这样,一老一小踏上了《清明上河图》的体验之旅。

张爷爷带着宋皓奇走过茶铺,穿过一片茂密的柳树林,看到了两三间瓦舍。张爷爷熟稔地与农户打着招呼,问着今年的打算,地里的老黄牛甩甩尾巴,用鼻子来蹭皓奇的手。打远处又来了一顶小轿,有男人骑着马并有仆人挑着担跟在其后。

宋皓奇扯扯张爷爷的袖子,低声问:"这是谁啊,好大的排场!"张爷爷抚须笑道:"此处算得一个城乡交界处,大多数农户以农为生,兼带着做些小生意,这个人是原来的农民崔广,机缘巧合之下做起了丝绸生意,这才发起家来!这样的人越来越多,于是就在都城和富庶的江南一带逐步形成了一个商人阶层,人们因为经商有了更多的收入,就开始追求更高的生活水平,研究家具、服装、瓷器、书画、音乐等,这也推动了手工业、文化艺术产业的发展。"

他跟张爷爷告别了亲切的农民们,一条壮丽的大河突然出现在他眼前——这就是鼎鼎有名的汴河。两艘载有重货的船舶正缓缓靠岸,坐在货物上的货船老板正在指挥工人们卸货,工人们喊着号子,豆大的汗珠顺着额头滚落。

"这是运粮食的,国有的粮食仓库大都建在东南城沿汴河一带。现在水运很发达,衍生的职业也多了,有从事船运的商人,船上有船

首、火长、碇手、水手等严密的分工，码头上还有从事搬运的民夫。"张爷爷耐心解释道。

熙熙攘攘的人流裹着张爷爷和宋皓奇，进入了餐馆林立的小街，热气与香气一同涌出，宋皓奇也有些饿了，想寻一家吃点东西，张爷爷却拉住他，神神秘秘地说美味还在前方。

沿着汴河一路走来，宋皓奇见到了多艘大航船，船工们紧握竹篙时刻准备着，搭船的客人们有的饮酒，有的谈笑，一派蓬勃之气。但见到虹桥时，宋皓奇方知这北宋汴京是何等盛景。这是一架横跨汴河南北两岸的大桥，两头都连着街道商铺，桥上也有许多小商贩在两侧支着竹棚遮阳，叫卖着小吃、日用杂货、农用工具。往来行人有乘轿

的、有赶驴的。宋皓奇脚下步伐不停，眼花缭乱。

下了桥便是一条开阔的大街，张爷爷也变得激动了些，拉起宋皓奇的胳膊就往前走："快快快，马上就到顶好顶好的大酒楼了，今儿中午我们吃顿好的！"一提好吃的，宋皓奇就来了精神，紧紧地跟在张爷爷身后。

待走到酒楼跟前，笔走龙蛇的"一品大酒楼"匾额挂在门口，不少食客说说笑笑抬步走入店内。"快走啊傻小子，晚了可就没位置了。"

在拥挤的人流之中，张爷爷与宋皓奇好不容易才寻到一张空桌。店小二捧着菜单快步上前，问道："二位客人想吃点什么？"宋皓奇还想仔细瞧瞧，张爷爷已经大声报出了菜名："东坡肉、鲤鱼焙面、灌汤包各来一份，再来壶绿茶。"

小二连声应好，下去准备了。宋皓奇问道："张爷爷，您对这里很熟悉呀？"

张爷爷说："过去呀，我常和几个关系好的工友来这吃饭，这家店物美价廉，生意红火着呢！倘若是熟稔或尊贵的客户，他们还有专门的小哥把美食打包送去家中。""原来这个时候就有外卖了啊！"宋皓齐心里这样想着。不过片刻，香气扑鼻的饭菜已铺满了桌子，二人大快朵颐。

吃饱后，二人又在汴京城转了个尽兴。宋皓奇为街头表演的艺人叫好打赏，在饮子店买甘甜解渴的饮子，还请算命先生看了运势……直至暮色西沉，宋皓奇也没能将汴京城的东南西北转个遍，他既兴奋又遗憾地说："这汴京城可真是大！我都还没逛够呢！而且这里的职业也是令人眼花缭乱——靠体力的、靠头脑的、靠才华的应有尽有，

大家各司其职、各展所长,汴京城才这么繁华富饶啊!"

张爷爷接着宋皓奇的话说道:"没错,或许这就是职业分工的益处。人们渐渐都找到了能发挥自己最大作用的地方,城市运转的效率也大幅提升。吃饱穿暖不成问题之后,人们便开展了艺术、科学的研究,历史文明也才能更加丰富多彩。真不知道未来会是什么样子啊!"

听到张爷爷的感叹，宋皓奇的脑海中闪过现代世界的影子，人工智能、大数据、云计算等前沿技术正在改变着人们的职业分工，原来职业变化背后藏着的是时代发展的影子。这也让宋皓奇开始思索自己应该如何选择未来职业的问题。

张爷爷见宋皓奇又陷入了沉思，继续说道："这世间百态呀，尽在这汴京城中，若你还有时间也可再赏赏这汴京夜景，汴京城入夜后又是另一番风情。我家中还有些事，就不奉陪了，倘若遇到什么事寻个跑腿去城南张家找我，我定会鼎力相助。"

在人来人往的汴京街道上，宋皓奇目送张爷爷的背影渐渐隐入人海之中。看着街上灯火渐明，宋皓奇后知后觉地感觉到，他与张爷爷也正是这芸芸众生之中既平凡又不平凡的一个。宋皓奇捏捏兜中的银两，抬腿迈入这繁华尘世之中。

## 知识卡片

### 关于《清明上河图》

《清明上河图》是中国历史上一幅著名的传世画作,被誉为"中国绘画史上的瑰宝",也是世界著名的历史画作之一。这幅长达528厘米、高24.8厘米的卷轴式画作,描绘了北宋汴京(今河南省开封市)东角子门内外和汴河两岸的繁华热闹景象,画中有多达500多个人物。《清明上河图》是北宋张择端创作的,当时正处于北宋经济、文化、艺术等方面的鼎盛时期,社会生活繁荣且多姿多彩。张择端以自己对于生活的观察和体验,通过这幅画表现出了当时汴京城内繁华盛世的景象,使得画面充满了生命力。

## 职业分工

随着经济的发展,各种各样的职业分工开始出现,职业分工标志着社会经济的进步,也让社会的运行更加高效。职业分工是指在经济社会中不同的个体根据其专业知识技能和兴趣分别从事不同的工作。人们分别从事自己擅长的职业,并在各自的岗位上散发能量,比起"所有人做所有工作"来说,明显是更好的做法。

## 第二节
## 宋朝的手艺人

宋皓奇正沉浸在汴京的景色中时，一个念头突然闯入他的脑海——"怎么逛了这么久了，系统还没有任务提示呢？"

宋皓奇的脚步随着这一念头的出现而变得急促起来。"难道是跟游戏里一样，需要遇到特殊的NPC才会触发任务？之前那次系统提示也是如此！可是，难道我要碰运气吗？谁知道下一个NPC会出现在哪里啊？"

街道旁各式小摊上摆放着让人眼花缭乱的手工艺品，有花色绚丽的丝织品、滑稽逗趣的小泥人、栩栩如生的木雕……摊位旁的小贩卖力吆喝着，整个街道显得喜气洋洋、热闹非凡。宋皓奇心里装着事儿，自然也没心情看这些……

"月团新碾瀹花瓷，饮罢呼儿课楚词。风定小轩无落叶，青虫相对吐秋丝。质韫珠光堪作鉴，纹镂花鸟具传神。盛得朱樱千万颗，满盘琥珀为生辉。细纹如拟冰之裂，在玉壶中可并肩。"

悠扬婉转的歌声徐徐传来，似是给这炙热活跃的街道氛围送来了一缕清风。"这是依据秦观的《秋日三首》改编而来的曲子，我在书上看见过！吟唱起来竟如此婉转动听。这歌声好像比周遭的声音都要清晰一些，这难道是游戏给我的指引？"宋皓奇一边这样想着，一边顺着歌声传来的方向快步赶去。

"何止珠山留劲腕，早传春色满人间。雨过天晴云破处，这般颜

色做将来。九秋风露越窑开，夺得千峰翠色来。"

宋皓奇赶到时，一位衣着素雅、交领襦裙的女子轻挑着琵琶弦如是唱着，一字一句，唱进了宋皓奇的心里。"好听！这唱的是宋朝有名的青瓷吧，来这许久还没好好瞧见过。"宋皓奇情不自禁地感叹道，激动之余还抛出了几枚铜币以示欢喜。

旁边一名小孩看见了，艰难地拨开面前的人群，挤到了宋皓奇的身旁。"客……客官，你喜欢青……青瓷吗？我这有好多漂亮的，您来看看吗？"小孩结结巴巴地说着话，脸涨得通红，唯独一双亮闪闪的眼睛迫切地看着宋皓奇。

"好啊，那就去看看！"宋皓奇本就被这曲子勾起了对青瓷的兴趣，便立马应下了。

"什么任务先暂时抛到脑后吧，这么美好的汴京城，多停留几日也无妨啊！"宋皓齐这么想着。

"好呀，好呀！"小孩高兴极了，连忙拉着宋皓奇的手往外走，"请让一让，让一让！"小孩的话语里带着压不住的雀跃。

穿梭在街道中央，小孩拉着他往远处跑去，周围的摊位越来越稀少，行人也不似之前那么多，就连房屋的装潢也清减了，宋皓奇心里难免有些发怵，前行的步伐也渐渐放缓了些。

"不……不要怕，就在前面，很快就到了，相信我。"小孩似乎看出了宋皓奇的疑虑，用真诚又稚嫩的言语安慰着他，牵着宋皓奇的手又握紧了些、步伐也快了些，似乎很怕宋皓奇后悔离开。

"就是这了！宋叔，宋叔！有客人来了。"小孩欢呼雀跃地大声呼唤着，跑进了一间素净的木质房屋。宋皓奇站在门前有些无措，四处张望后发现屋旁有一个摆满了瓷器的木摊子。几步走到了摊前，他的目光便再也移不开了。

简易干净的木摊上有序地摆放着各类瓷器，中间的瓷器最为庞大宏伟，随后一层层往外逐渐变得小巧精致，所有瓷器以清秀素雅为主调，整体观之如一朵优雅盛开的山茶花，极具艺术审美，瓷器周围还点缀了些许精细木雕与鲜花。宋皓奇不禁感叹，到底是怎样的人才能够将简易的木摊修饰成一件精美的艺术品，一角一处，尽善尽美……

"客官，可有看得入眼的瓷器？"一个沧桑却清丽的声音将宋皓奇拉回了现实。宋皓奇抬眼看见那个小孩笑脸盈盈地推着一个木制的手推车出来，轮椅上端坐着一位中年男子，他衣着沉稳朴素，脸上有明显的风霜痕迹，但一双眼眸清澈、目光坚定。

"这些瓷器都是您做的吗?"宋皓奇询问道。

"当然是啦!我宋叔可厉害了,他的瓷器手艺在整条街上都是数一数二的!"小孩抬着头骄傲地夸赞着。

"小礼,不许胡说!"那位被称作宋叔的男人轻轻地敲了敲小孩的额头,故作严肃地提醒道。"客官见笑了,小礼生性顽皮,出言不逊,还请见谅。"宋叔微笑着解释道。

"没关系的。"宋皓奇连忙摆摆手,继续琢磨着这些青瓷,"这青瓷可当真是素雅有趣,比起书上那些严谨高贵的宋朝官瓷,我倒是更中意这青瓷,薄胎厚釉、淡青釉色,上面还雕刻着鸟、花、虫、鱼,好生有趣!"

"哈哈哈,没想到小客官还是位行家呀!没错,这确实是咱青瓷的独特之处,要想烧好这青瓷可不容易呀,你看,这每个瓷器的原料都无差异,水、泥、火,它们都源于自然,本自成一派,是这世间最常见、价廉之物。可经过手艺人的加入,从形状上改变了它们,更从本质上改变了它们,让它们从单独的个体相互结合变成一个统一的整体,从价廉质朴的原料变成了雅俗共赏的工艺品。并且有趣的是,同样的瓷器在不同人眼里的价值不同,我这儿的瓷器从来没有固定的价格,中意它的人视它为无价之宝,可在不中意它的人眼里,它仍只是一块被烧了的土而已。"

宋皓奇闻之赞同地点点头,随即他的目光便被一件精美的瓷

器吸引住了，这件青瓷的青釉是一种纯净明亮、透明度很高的浅绿色釉，甚至能透过釉面清晰地看到瓷器的胎质，影青釉内含有大量的气泡，有如玉般的润泽感，加上洁白的胎质，看着倒更像玉器。

"小客官眼光很好哟，这可算是我这小摊上的镇摊之宝了。"见宋皓奇的目光落在这件瓷器上，宋叔突然开口道。

宋皓奇也问道:"宋叔,这是什么呀?"

"这是青白釉带温碗瓷酒注,用来温酒的,你看它是由注子和温碗两部分组成的,注子直口、带盖、曲柄、细长流,腹部圆鼓,表面刻有规则的莲瓣纹;温碗敞口,口沿处微侈,圆鼓腹,底部为圈足、稍往外撇,这两者合起来呀,用来温酒是再方便不过了。"

宋皓奇闻之感叹道:"这套瓷器胎质洁白,质地坚硬紧致,通体施有青白釉,颜色也浅淡可爱,我还以为是什么艺术摆饰,居然是用来温酒的。"

宋叔不禁笑了起来,对着宋皓奇说道:"我们这些民间手艺人俗得很,都琢磨着把这高雅的东西拿到生活中用,这样才舒坦。"

"哈哈哈,宋叔,雅俗共赏才叫大智慧嘞。"说罢,三人都相视笑了起来。

　　之后,宋皓奇又指着好几件瓷器让宋叔给他讲制作的故事,宋叔都乐此不疲地讲解着。在交谈中,宋皓奇意识到宋叔绝不像俗气商人,倒是言语风雅、谈吐深沉。他小心翼翼地询问道:"宋叔,您这些青瓷如此精美,为何不到市集中心去贩卖,生意肯定会好很多的。"

　　宋叔听之一愣,微微摇摇头,"说到这我就气!"

　　小礼突然开口道:"宋叔本身在宽裕人家,家里世代制瓷,手艺绝伦,后来因为宋叔家瓷器供不应求,惹得其他几家制瓷的艳羡,恶意往宋叔家送出的瓷器里穿插次品,坏了口碑不说,还直接上门打砸了大量精美瓷器。买过瓷器的客人来家里闹事,宋叔的父母因此郁郁而终,宋叔的腿也在一次争斗中被打折了。家道中落,宋叔只好自行谋生,本来可以到一位朋友家做做财务杂活,也算清闲,但宋叔愣是舍不下这门制瓷手艺,花了半辈子积蓄赎回了些制瓷原料和工具,在这小木屋子里一待就是十几年。刚开始的时候,宋叔何尝不想到市井中央去售卖,偏偏那些恶人们硬抓着宋叔不放,大肆散布谣言、恶意占领摊位,重之还辱骂推搡宋叔,幸得有次被我瞧见,我立马上前拉开他们,这才让宋叔护住了那些瓷器。"小礼说到这儿还有些骄傲。

　　"哈哈哈,你这小子,当时突然冲出来就扯人家头发,后来我还赔了好些钱才平息了这事。"宋叔无奈地笑笑。

　　"我从小没爹没娘,只有宋叔愿意收留我,给我好吃的,还教我手艺,我可感谢宋叔了。"小礼开心地说完,还去帮宋叔捏捏肩膀。

　　宋皓奇看见眼前这一幕,心里五味杂陈。"真的很不容易呀。"宋叔闻之感叹道:"再不容易也会过去的,我这一生就活这几十年,能做的事情太少了,这些瓷器可比我珍贵多了。我的心思很简单,学了一门手艺，就得传承这门手艺，长辈们传承坚守了这么多年，可不能在我这断了；人这一生，起起伏伏，我也不求有什么大的成就，只求能烧好每一盏瓷器，要是有幸能得到别人的欣赏便是青瓷之幸、我之幸了。"

宋皓奇闻之感慨万千，这世界纷繁复杂，许多人为名为利追逐一生，最终成为财权的奴隶，而宋叔却能够专注手艺、坚守初心，活得清闲却坚定，实为难得。宋皓奇又与宋叔、小礼闲聊了一会，便掏出了兜里仅剩不多的钱买了好几件瓷器，茶杯、瓷碗、花瓶，实用又好看！宋皓奇觉得这次买的东西比之前在家里随意购买又丢弃不见的物品有意义多了！"我要好好地使用、保管它们。"宋皓奇小心翼翼地摸摸瓷器想着。

## 知识卡片

### 价值判断

　　如果说事实判断是关于"是不是"的判断，那么价值判断便是关于"好不好"的判断。不同的成长经历、生活环境、个人性格等因素都会导致人们形成不同的价值观念。在经济活动中，不同的价值观念就体现在每个人面对各项商品时独特的价值判断和选择，例如，这个商品有没有价值、有多大价值，值不值得我花这么多钱购买。同样的商品在不同的消费者眼中的价值是不同的，并且价值判断往往会引导人们的消费行为。

## 价值的形成规律

商品的价值量是由生产这种商品的社会必要劳动时间决定的。（可以理解为在当前的社会条件下，生产该产品需要花多少时间）商品交换要以价值量为基础，实行等价交换。要遵循等价交换原则的原因可以这样理解：

- 在商品交换中，商品的生产者总想提高价格，而消费者又想降低价格，所以在长期的市场交换中，必然形成等价交换的趋势。

- 在商品交换中，如果一方总占便宜，另一方总吃亏，那么这样的商品交换往往不能持续下去。

## 第三节
## 重农抑商有了改变

突然，系统的声音在宋皓奇脑海中响起，"亲爱的宿主，您的地图解锁速度很快，相信您很快就能顺利通关回到现实世界。接下来为您发布本区域地图任务，完成即可解锁新的地图碎片。本次任务：帮助手艺人宋叔贩卖商品。"

宋皓奇早在与宋叔的交流中就被他深深打动，"太好了，这次的任务与我的想法真是不谋而合！"他高兴地嚷出了声。

"嗯？小客官在说什么任务？"宋叔有些疑惑。

宋皓奇这才察觉自己竟把心中所想说了出来，连忙摆摆手，岔开了话题："宋叔，我是说……您可真是个了不起的——人物！对，人物！我第一眼看到您这里的商品就觉得做工十分精湛，若是有足够的钱币，我肯定会忍不住把这些商品都买下来的！"

"哎,恐怕也只有皓奇你欣赏我的这些宝贝了。你年岁较小,可能对行商环境的变化不甚了解。官府较之前已经对我们这些商人仁慈多了,不仅允许我们沿街设摊,还能够通宵营业,过去人们常说'以农为本',现在重农抑商的情况有了改变,我们本应该高兴才对。起初我也以为生意会好做一些,可你看看街上琳琅满目、价格实惠的商品,我的瓷器鲜少有人问津。"宋叔苦涩地说着,脸上的惆怅难以掩饰,感染了旁边的宋皓奇。

宋皓奇惊叹于宋叔多年来坚守初心、宠辱不惊的心性,却又为他所面对的现实状况感到难过。他向宋叔提到了自己之前为生活所困,在瓦舍进行的人生中第一次说书尝试。宋叔听后不禁对他生出几分心疼:"没想到你小小年纪竟有这番经历,说起来你我二人还颇有几分'同是天涯沦落人'的味道呢。"

"不不不,总归来说您和我还是不同的。您掌握着精妙的制作工艺,且不屈服于命运,哪里是我能比得了的呢。"宋皓奇连忙摆手说道。他不忍看到宋叔的热情就此熄灭,下定决心无论如何都要帮助宋叔售出他的商品!

"宋叔,您如果不介意的话,能否让我尝试着经营您的摊位?听到您说如今的行商环境宽松,我也有些心动了,说不定我在经商方面还颇有天赋呢?"宋皓奇扬了扬头,带着小孩子独有的朝气。"如果今天我不能帮您卖出商品,明天我还会再来的。明天不行就后天,您和您的宝贝总有一天会在世人面前闪闪发光的,您千万千万不要放弃啊!"宋皓奇满怀诚心向宋叔提出了自己的想法。

宋叔看着宋皓奇坚定的神色,泪水已经在眼眶中打转。"皓奇,我,

我真的太感谢你了!其实,我心中一直无法放下对技艺的执念,不然也不会明知道以此为生无望,还浑浑噩噩地经营着这个小摊。无论结果是什么,我都非常感谢你今天和我说的这番话,感激你我的相遇。"

两人商议一番后决定今天的售卖由宋皓奇负责,宋叔会在一旁给予他必要的帮助,二人同心协力共同完成目标。

就在宋皓奇跃跃欲试,摩拳擦掌准备开始今天的营业时,他再次听到了系统的声音:"亲爱的宿主,接下来为您发布本区域地图任务的详细要求:一是帮助宋叔卖出至少三分之一的商品,二是不得亏损售出商品,要确保盈利,即达到任务完成标准。温馨提示:销售量和利润越高,任务评级越高,宿主请继续加油完成任务吧!"

宋叔伸手在宋皓奇眼前晃了晃,呼唤着他的名字,"皓奇,皓奇,你没事吧?"宋皓奇很快从系统提示的声音中回过神来,轻松地笑了笑:"没事没事,我刚才在想该如何把您的这些宝贝卖出去。"

虽然说酒香不怕巷子深,但再香的酒没有经过人们口口相传,被了解的范围也是有限的。在"网红时代"生活的宋皓奇不会不懂这个道理——瓷器若没有顾客上前细细观赏,又怎能感受到它的好呢?

因此,宋皓奇决定大胆推销,多加宣传。宋皓奇语调活泼地对着路过的人大声吆喝起来。

来来往往的人被年轻稚嫩的吆喝声吸引，纷纷回头寻找声音的来源。看到被吸引前来观赏的路人，宋皓奇不禁有些得意，可大多人只是闻声赶来看一看，便离去了。

宋皓奇很是焦灼，但宋叔已经笑开了花，因为仅是有人光临他的小摊，他就已经够开心了。宋叔看出了宋皓奇的愁绪，劝他不用如此大的压力，毕竟不是所有人都喜欢瓷器。

这一句话点醒了宋皓奇，他一拍脑门，"对啊，我怎么没想到每个人的喜好是不一样的，宋叔这里又不是只售卖瓷器。太好了，我有办法了！"多亏宋皓奇在现实世界中乐于购物的性格，对"618""双11"等各大网络购物节的促销手段也是有几分了解的。在宋朝售卖商品，销售手段不过是换汤不换药。现实世界中，得益于便捷发达的网络，商家会根据人们的搜索内容、性别、年龄等信息向人们推送他们感兴趣的、可负担的商品，潜移默化地激起人们的购买欲望。

"既然喜好是因人而异的，那我也可以参照这样的方法来推销。可惜这时候没有打印机，若是能发放传单可真是事半功倍了。如今我只能继续吆喝，把顾客的心留住。"宋皓奇心里这样想着。

宋皓奇对着围在小摊前的客人介绍商品，看到带着小孩的客人便介绍制作精巧的瓷虎、瓷狗等玩具；见到穿着较为讲究的公子便上前推荐青白瓷斗笠碗等尽显尊贵的瓷质用品；遇见自带文人风华的客人则会选择较为适合他们气质的瓷砚台等；对购买了多件商品的顾客还会赠送一些宋叔随手制作的精致小物件。站在一旁的宋叔，看到宋皓奇的揽客方法如此有效，连忙上前为停留的顾客详细介绍这些商品。在二人的配合下，大家纷纷购买，宋叔的摊位也逐渐火热起来。

短短时间内,小摊边就聚集了不少人,在从众效应的影响下,越来越多的人加入挑选商品的行列中。拥挤的人群让宋皓奇觉得呼吸有些困难,但他依旧坚守本职,白嫩的脸蛋在卖力的吆喝介绍中已经变得通红,豆大的汗珠不断滚落,他的热情却丝毫没有消减。

售卖一直到夜深，整整一摊的商品所剩无几，客人渐渐散去。宋叔上前紧紧握住宋皓奇的双手，眼含热泪地望着他，口中不住地念叨着感谢之词，还将今天赚的一大半的钱塞进了宋皓奇的手中。

　　手中的钱不是冰冷的触感，仍留有余温。握着手中的钱，宋皓奇细细琢磨着今天的经历，有了新的感悟。无论是说书还是经商，单凭一腔热血是无法成功的，开动脑筋运用智慧，才能事半功倍，或许做任何事情都是这样的吧！

　　除此之外，时代的变化在带来机遇的同时也会带来挑战，不仅要脚踏实地，也要时常望向远方，宋皓奇心里这样想着……

　　"叮咚，恭喜宿主本次任务圆满完成！您卖出了大部分的商品，但用于赠品的商品损失了部分利润，因此本次任务获得 A 级评价。宿主不要灰心哦，朝着回家的路继续进发吧！"

　　宋皓奇看到地图上一个新的区域闪闪发亮，正在等待他继续探索……

## 知识卡片

### 打破"重农抑商"

宋朝军力孱弱,又长期受周围诸国的侵扰,只能以发展经济为手段强盛国力。宋朝商品经济迅速发展的奥秘,既离不开百姓的奋斗,也离不开官府的支持。针对民营企业发展的需求,官府对其进行了激励,并对"营商环境"进行了持续改善。

### "全民皆商"

宋朝商业的繁荣改变了当时的社会阶层结构。传统的农耕社会中,农民是主要的社会阶层,而商人位于社会的边缘地带。商业的发展助力了商人地位提升,资本的积累使得商人有了突破原本低微的地位、进入上层的机会,这种阶层的变迁使得宋朝人开始对"从商"有了追捧。

# 第三章

## 物有所值

# 第一节
## 逛逛宋朝夜市

当宋皓奇再次睁开眼时,他已经身处熙熙攘攘的大街,小贩的叫卖声、游人的嬉笑声不绝于耳。"原来在游戏里连觉都不用睡的,这怎么又是一个新的汴京夜晚啊?!"宋皓奇心里一边想着,一边试着舒展了下筋骨,昨日的疲惫竟然真的已经荡然无存。

"小哥,小哥,要不要来碗凉茶解解渴?"脖子上搭着汗巾的小二笑容热情,直将宋皓奇往茶坊引。宋皓奇想了想:"反正系统也没有发布任务,昨日光顾着卖瓷器完成任务去了,并无时间好好看看宋朝夜市的盛况。既然游戏给了我这个机会,不如再好好逛逛这宋朝夜市,看看传闻中的'因念都城放夜,望千门如画,嬉笑游冶'究竟是怎么一番景象。"

宋皓奇跟着小二进了茶坊,此时里面已坐了不少客人,小二上了几样茶点,又为宋皓奇沏上龙井茶。宋皓奇啜饮一口,看着茶坊前来来往往的人们——沽酒的小二动作又快又稳,一滴酒也不曾洒出;戴着轻纱帏帽

的女眷看着街头喷火的杂耍艺人满是惊奇,摊前碗中铜钱落入声不绝于耳;更有叫卖小吃"酥黄独""馓子""甜糕""蒸饼"的摊贩,香气诱人,宋皓奇也忍不住买了一些,大快朵颐起来。

宋皓奇心中正盘算着接下来的安排,突然听得茶坊中热闹起来。宋皓奇侧身望去,发现好些人正围拢在一起,也忍不住前去观看——走近才看到,四位茶贩每人各有一副茶壶、茶炉和茶笼等茶具,正准备斗茶。宋皓奇没想到竟有亲眼见到宋朝斗茶的机会,好奇心也被勾起,忍不住向人群前挤去。只见左边一位蓄胡须的年长者左手持茶杯,右手持茶桶,望着对方的茶汤,对面的白净青年右手提茶壶,左手持茶杯,正在注汤冲茶;二人眉目间满是自信。

"这斗茶,一斗'汤色',即茶面汤花的色泽和均匀程度。"

宋皓奇向发声者看去,是一位身着玄色直袍的中年男子,腰间系丝绦,下端缀流苏,端得一派清雅文人气。宋皓奇走近些许,拱手作揖:"先生好,我虽尚年幼,但从书中读到过不少关于斗茶的描写,甚是喜欢,还望先生不吝赐教。"

中年男子瞧着宋皓奇小小年纪却面容严肃,也觉得颇有意思,轻笑着答道:"赐教倒谈不上,同你一样,我也自幼痴迷斗茶,只恨自己天资愚钝,便常常仰慕擅斗茶者之姿。"

宋皓奇问道:"方才听先生提起一斗,此后可有二斗?"

中年男子抚须而笑:"那是自然,二斗'水痕',即这茶盏的内沿与茶汤相接处的痕迹。如果点茶、击拂均恰到好处,汤花就匀细,并紧咬盏沿,久聚不散,这种最佳呈现效果就叫作'咬盏';如果汤花不能咬盏,而是很快散开,汤与盏相接的地方会立即露出水的痕迹,这叫作'水痕'。"

话音刚落,只见场上两组人都已完成点茶,同时开始用茶筅旋转击打和拂动茶盏中的茶汤,茶筅与茶盏相击,仿佛正在演奏一曲古色古香的交响曲。随着声音减弱,所有人屏息凝神望向两只茶盏,只见左边一组的茶汤终究不敌右边,还是先露出了水痕,即为负。

场上爆发出热烈的喝彩声,左边二位摇摇头似有不甘,右边二位则是高昂着头,像两只斗胜了的公鸡。

胜负已分,人群渐渐散去,只剩下宋皓奇还如小尾巴一般紧紧地跟在中年男人身后,中年男子不禁莞尔:"你这孩子,若还想看斗茶自可去其他茶坊,总跟着我做甚?"

宋皓奇犹豫了一下，灵机一动想出一套说辞来："我是从乡下来的，今日头遭独自进城，便想着开开眼，但又不知哪里可玩可赏。"

中年男人虽表情无奈，但还是领着宋皓奇走到茶坊门口，指着城东的方向："喏，随着人流往城东走，演杂耍的、卖零嘴的、唱戏曲的，保管你玩得尽兴。"

宋皓奇自是感激不尽，对着男人连连作揖。男人拍了拍宋皓奇的肩，柔声说道："我乃城西姜家家主姜毅，今日遇你颇觉投契，往后再进城可来城西寻我，我领你看茶百戏去！"宋皓奇一迭声地应好，随即二人自茶坊门口分别，相背而行。

宋皓奇一边往城东走着，一边摸着口袋里这段时间攒下的银两，听着它们清脆的碰撞声，沉甸甸的，满是幸福感。他想："这些日子完成任务可是够辛苦的，任务评级也不低，不如好好犒劳下自己。"

"瞧一瞧，看一看，手工精品香囊。"听到这吆喝声，宋皓奇走到摊位前拿起一个四面缀五色香囊看了起来。"这香囊中放的是何种香料啊？"宋皓奇看了一会儿，又嗅了嗅之后问道。

小贩满脸堆笑："小公子可真有眼光！我们家这香囊的绣工在这城中也是数得上的，香料有雄黄、艾叶末、冰片、藿香、苍术等，小公子这般芝兰玉树品貌的人，若再佩上我们家的香囊，必定光彩照人！"宋皓奇被小贩一连串的称赞哄得心花怒放，于是爽快地掏口袋付了钱。

将香囊佩在腰间，果然神气了许多，不过似乎仍有些不足。于是宋皓奇又买了一枚玉璧作配，两相辉映。几乎是顷刻之间，宋皓奇又觉得自己的服饰过于朴素，与香囊玉、佩无法呼应，于是便去街旁一家成衣铺子买下一套浅蓝直缀,又换了双平头丝鞋,搭配上丝绸冠巾,俨然成了一位标准的贵气小公子。

逛了许久,宋皓奇揉了揉有些发瘪的肚子,决定去吃点什么。宋皓奇转眼之间便看到旁边有一家馄饨摊,在馄饨摊旁坐定,便对着老板喊道:"来碗馄饨!"正欲掏钱时,钱币碰撞的响声却消失了。宋皓奇连忙将自己的兜翻了个底朝天,看着桌子上的一小枚铜钱,他愣住了——怎么只有这么点钱了?!

宋皓奇霎时间不知所措,眼看馄饨就要下锅,只得慌忙叫住老板,请他先不着急煮自己的这一份。

就在苦闷涌上心头的时候,系统的提示音终于响起,宋皓奇一下来了精神:"系统系统,你是来救我的吗!"

然而,回应他的只有系统冷冷的机械音:"新一轮任务发布:请按照清单购买以下商品。"说罢,宋皓奇的脑海中便出现了一个弹窗,是一张详细的购物清单,小到一根画烛,大到藤编背篓,价格高低不等。可不管这张单子上写了些什么物品,对于几乎身无分文的宋皓奇来说,

在明天之前买下这些物品无异于白日做梦。看着自己身上的华丽配饰与衣服鞋子,宋皓奇内心又是懊悔又是恼怒,这可如何是好啊……

**物有所值**

## 知识卡片
### 什么是量入为出

西汉戴圣《礼记·王制》:"冢宰制国用,必于岁之杪。五谷皆入,然后制国用……量入以为出。"意思是说,根据收入的多少来决定开支的限度与要求。量入为出既不是超出自己的经济承受能力的超前消费,也不是过于节俭的滞后消费,而是在自己的经济承受能力之内进行消费。比如,你每个月的零花钱是 30 元,那么买一支 100 元的钢笔与买一支 5 元的中性笔相比,显然买中性笔更加合适,既满足了添置文具的需求,也在自己的经济承受范围之内。

# 第二节
# 空空的钱袋子

宋皓奇在人潮涌动的大街上左右张望着:"一个背篓十五文钱、一盏茶壶十文钱,就连一包茶叶都得六文钱……"宋皓奇摸了摸空荡荡的裤兜,"这可如何是好啊,就我这空空如也的荷包,买包茶叶都够呛,更别说要买齐整个清单的物品了。"宋皓奇觉得这简直是一个不可能完成的任务。

他听着街边人的叫卖声觉得越发心烦,"亏死了,亏死了!我到底买了些什么东西啊,好不容易赚的钱,这下全没了!完不成任务可就回不了家了啊。哎,刚刚买东西的时候也没觉得多贵啊,怎么这一件一件地加起来钱都快花光了呢?"宋皓奇心里烦闷着,脚步越走越快。

"我的钱到底花在哪了啊!"宋皓奇在街边忍不住大

声抱怨起来。

"小公子,你这身衣裳挺好看的,在哪里买的啊?我也想给我儿子买一套。"一位衣着素雅的女子闻声前来询问道。

"别买了,这一身衣服亏死了!明明就没钱我还买这奢华之物,真是愚蠢!"宋皓奇再次懊恼地抱怨道。

那女子仿佛被宋皓奇突如其来的言语吓到了,愣在了原地。宋皓奇偏头看见女子的神情,一下子反应过来自己有些失态,连连解释道:"不好意思啊,我刚刚说话有些冲了,这衣裳是在前面那条街左转的第一家店铺买的,您可以去看看,但一定要合适的、实用的、需要的才买哟,不然像我一样后悔可就麻烦了。"宋皓奇讲完失落地低下了头,女子闻言道谢后便匆匆离开了。

"合适的、实用的、需要的……这不是妈妈老是念叨的那几个词吗?'买东西要先买需要的,再买想要的''要买合适自己的,而不要去攀比''实用的东西更具有价值'。我现在倒是知道该怎么买东西了,以前可从来没考虑过这几个词。"

宋皓奇喃喃自语地走到街边一张长椅边坐下，他伸出双臂、跷起双腿，打量着自己身上的衣物："这一套浅蓝直缀得近百文吧？这玉璧、丝鞋、丝绸冠巾怕是合计合计又得近百文吧？我还搁这思考钱花哪了，这不就明晃晃地花我身上了吗？穿着倒是光鲜亮丽了，这下没得吃、没得穿咯，当了个虚头的'贵公子'！"宋皓奇晃来晃去地甩着袖子，看着熙熙攘攘的小贩，不住地哀叹着，筹谋着自己能不能把这一身行头卖了换点钱。

正当宋皓奇焦头烂额、毫无思绪时，一句句急切欣喜的采购声闯进宋皓奇的耳朵——"这个好看，我买了！那个看着华丽，给我包起来！"

他抬头一看，那位公子看着年龄不大，衣着却颇为讲究，一袭冰蓝色缎子衣袍绣着雅致华贵的雪白绲边，与发髻中的羊脂玉发簪交相辉映，而此刻他正穿梭在这条街最华贵的成衣铺子里不停地消费着。

"公子眼光真好，这衣裳可是我们这儿的镇店之宝。可不是我吹啊，您往外寻十条街都寻不到我们这好料子、好手艺……"店里小贩激情推销的声音一股脑地涌进了宋皓奇的耳朵里。

"这小贩倒是会说话，先前跟我推销的时候也是这么说的呢。他们家的镇店之宝不是已经穿我身上了吗？"宋皓奇打量着自己身上这件同样被称作那家店"镇店之宝"的衣服，觉得有些无奈。自己卖瓷器的时候也用过这些招数，可当自己成为顾客的时候，就忘记了商家的套路。

宋皓奇伸长了脖子凑得更近了些，却瞧见那店铺里的小贩几乎全部围在了那位公子周围，手里捧着各式各样的华丽成衣，素色的、艳色的、金丝镶边的、精细刺绣的，直看得他眼花缭乱。他不太清楚这些衣裳到底采用了怎样珍稀的布料、使用了怎样稀奇的针脚，但看着店里小贩一双双直勾勾的眼睛和快咧到耳朵后面的笑容，他明白了，这些衣裳一定价值不菲，这位公子怕是得花些银子了。

虽然穷得叮当响，但宋皓奇看着眼前这激烈的推销场景，还是觉得有些趣味，便苦中作乐地观赏了起来。

"哗！"钱币掉在地上的声音响起，宋皓奇又往前探了探，发现是这位公子想买一双丝绸鞋子以配自己刚买的锦绣衣裳，便急迫地在兜里掏钱币，结果把裤兜都扯了出来也只掉出了几枚钢镚，反观旁边的小贩已经乐滋滋地捧着一堆沉甸甸的金银往柜台去了。那公子又想去另一个口袋掏些钱，而此时，周围已经有数十双眼睛直勾勾地盯着他的另一侧口袋。

"糟了，这位公子怕不是遇到跟我一样的事情了吧？这可不行啊。"宋皓奇径直起身，快步走到那家店铺，扒开那公子面前乌泱泱的人群。"等等，等等，你先别买了！你先思考思考，这些东西你真的需要吗？"宋皓奇对着那位公子急切地询问道。

"你是谁呀？我买衣服跟你有关系吗？"那位公子被突然出现的宋皓奇吓了一跳，有些疑惑地看着他。

"就是就是！哪里来的小屁孩，一点都不懂礼貌，赶快出去！别打扰公子挑衣服。"店铺里的小贩们见状赶紧附和道，七嘴八舌地就要把宋皓奇赶出去。

"等等！等等！你先听我说。"宋皓奇着急地抓住了那位公子的衣袖，急切地看着他的眼睛。那位公子一头雾水地看着眼前的小孩："你到底想说什么？"宋皓奇闻言急忙补充道："其实，我们买东西的时候不能全然听从别人的推销，也不能老是临时起意冲动消费，要是别人说什么好，我们就买什么，看见什么好看就买什么的话，我们会花费很多不必要的钱，最后一定会后悔的！"

"不必要的钱？"

"是啊！这些物品有的是必需品，有的则不是必需品，当我们手里的金钱有限的时候，我们得优先购买我们必须拥有的物品才对，比如暖和的衣服可以帮我们御寒、分量多的食物可以帮我们填饱肚子、简易的背篓可以帮我们装载随身物品，这些就是我们应该优先购买的必需品，而华丽昂贵的锦绣衣物、精致丰盛的大桌宴席、光彩夺目的珠宝配饰则不是我们生活必须使用的物品。"

"啊？"那位公子被突如其来的大段说辞绕晕了脑袋。

"哎呀！总之就是，你现在的钱已经不够了，再继续无节制地奢侈消费的话，你连吃饭都成问题了。你得先考虑实用的东西，有钱的时候再适当享受。"

说出这句话之后，宋皓奇自己都愣住了。他想起了自己以前在家的时候，一拿到零花钱就忍不住大肆购买各种游戏。或许是因为爸爸妈妈提供了自己的吃和穿，他完全没有考虑购买的物品是否实用，而只考虑那一刻自己喜不喜欢，这就导致他买了一堆玩了几次便没了兴趣的游戏玩具摆在家里，花费了许多压岁钱，而独自出门玩累了的时候却掏不出钱买一个果腹的面包。

那时候，妈妈就经常对他说："你得合理规划自己的零花钱，每个月的零花钱是固定的，你全拿去买游戏了，平时想买点吃的都没钱了，还得饿着肚子跑回来吃。拿到零花钱的时候你就要想清楚，哪些钱用来买必要的食物、文具和书，哪些钱用来买有意义的游戏……"

但当时他完全没有把妈妈的话放在心上，家里丰盛的菜肴、暖和的衣服、用完之后立刻就会出现的零花钱让他完全没有吃穿的问题，一心就想拿着钱出去享受。现在没有家里提供的保障，他才真正意识到衣食住行这类必需品的重要性。

手里的钱是有限的,一定要考虑自己当下最需要的是什么,满足了基本的生存条件之后,再去享受更好的物质生活。在这一刻,他突然理解了妈妈对他说的话,也真正理解了他们说自己"乱花钱"的"乱"是指什么,他呆呆地立在原地思索着。

"你这小孩到底来干嘛的?说一堆奇奇怪怪的话,还打扰我买衣服的兴致,你是故意来捣乱的吧?"那位公子本来开心的"购物狂欢"突然被一个毛头小子打乱,不免有些恼怒。店铺里的小贩闻之也更加得劲起来:"就是!你再不出去,我可赶人了啊。"又是一阵七嘴八舌的吵闹声,吸引来的行人越来越多,大家都对着里面的情形指指点点起来。

宋皓奇想要辩解却不知如何开口,看着店铺四周围的人越来越多,他心里慌乱极了,连忙摆着手、低着头冲出了人群。

## 知识卡片

### 消费品的类别

　　消费品可分为服务类消费品和商品类消费品,服务类消费品就是购买后可以享受某种服务,例如电影票、游乐园门票等,而商品类消费品就是拿到手里的实际的物品。商品类消费品按使用性质又可分为能源消费品、医药消费品、服装鞋帽消费品、家具日用消费品等;此外,还可按消费主体能力进一步分为商业消费品、公共消费品、家庭消费品和个人消费品。

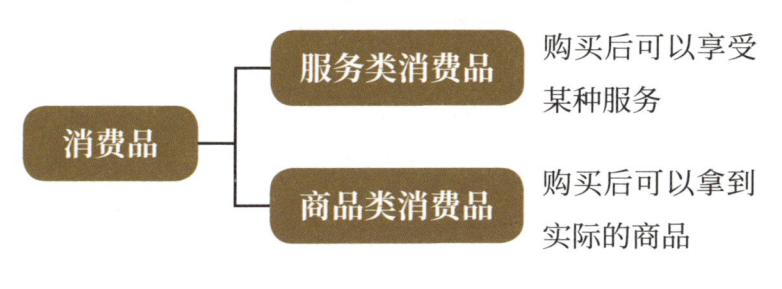

## 宋朝夜市消费品的种类

　　宋朝夜市的食品类消费品琳琅满目，既有当地特色的美食，也有来自全国各地的特产。其中包括各式熟食、糕点、炖品等。例如，汴京著名的糖葫芦、鸡肉串等小吃，都在夜市中大受欢迎；茶、酒也是常见的饮品。夜市有各种生活用品出售，也是文化交流和娱乐的重要平台，还有书店、文具店供人们选购书籍和学习用品，此外，还有杂耍表演等娱乐项目。

# 第三节
##  柳暗花明的转机

宋皓奇艰难地从人群中挤出，环顾四周，没有看到那位公子的身影才长舒了一口气。"还好还好，没有被人抓到，不然都不知道该如何脱身了。"他拍着胸脯气喘吁吁地想着。

热爱历史的宋皓奇虽然熟读历史典籍，对中国古代许多朝代的历史风俗了如指掌，但归根结底都只是纸上谈兵，在现实世界中没有独当一面的经历。因此，进入游戏世界后，他只能依靠自己的智慧和力量，从这场冒险经历中汲取经验，不断提升自己。

街上熙来攘往，热闹非凡，宋皓奇置身其中却感到冷汗直流。回想着刚才差点被人抓起来，宋皓奇仍心有余悸，不断地在心中告诫自己虽然这只是游戏世界，也不能过于随心所欲。

"都怪我，之前的任务完成得太顺利了，太过高兴以至于忘乎所以。这里没有人可以护着我了，我必须谨言慎行，争取早点回家！"宋皓奇毕竟还只是个孩子，此时想起父母不禁双眼泛红，点点泪水在眼眶中打转，显然是被勾起了思家之情。

宋皓奇虽然不断地在心里给自己打气，想让自己振作起来，但效果甚微。他现在如同一只泄了气的皮球，只能漫无目的地在街上闲逛。想到系统之前发布的任务，宋皓奇满心郁闷："太过分了，如今我的钱已经所剩无几了，游戏系统偏偏这个时候要我买一堆东西，我用什么买啊？！"宋皓奇心里像猫抓一样难受，他一边走一边吐槽着游戏

不合理的地方。

走着走着,宋皓奇突然看到一个奇怪的小摊——这个小摊不似其他的店铺那般灯火通明,只有微弱的灯光围绕着,却为在场的顾客镀上了一层朦胧。宋皓奇凑近前一看,发现竟是一块投壶的场地。规则十分简单,想要尝试的顾客只需付一次钱就可以得到十支箭,只要将八支箭投入壶中便可获得大量钱币。

宋皓奇吃一堑长一智,没有头脑发热地冲上去交钱,而是暗中观察其他人的投壶情况。"这里光这么暗,怎么投得中?"他内心这样想着。

宋皓奇专门找了一个距离小摊老板较近的位置,从他开始观察,总共有六个人上前尝试,无一不是自信满满,竟然没有一个人投进去八支箭。一旦有人连着投入了七支,最后三支箭必然会接连失利。

宋皓奇特意观察了一下老板的动作,发现他的手有时会不经意地抖动,然后很快放回身侧,每当他做完这个动作,投出的箭必然会碰到壶的边缘而落到地上。"老板的手中一定暗藏玄机,但我不明白他到底做了什么手段,还是先离开这里想办法挣钱吧。"宋皓奇内心笃定地想着。

这里围了许多人,有站在一旁连声叫好的,也有排队等待自己上场的。宋皓奇一边思索着老板使用的手法一边向后退去,一不小心和身后的人相撞。那人的玉佩"啪"地掉在地上便摔成了几瓣。宋皓奇连忙将碎块捡起,抬起头便看到了一张熟悉的脸,原来是刚才那位"有钱"的公子。这位公子看起来很想用投壶游戏赚取更多的钱,面上看着有些急躁。

宋皓奇还记得之前的事情,此时摸出了一点门道,"这位公子应该是个'吃硬不吃软'的性格,若我用一番激将法劝阻他,说不定能够劝住他投壶的想法。可……可我现在意外打碎了他的玉佩,这可怎么办?根本没有钱可以赔给他了!还劝什么人啊!"

宋皓奇只好硬着头皮说:"公子,我很抱歉打碎了您的玉佩,待他日我有了足够的钱币必定会赔偿给您。"

哪知这位公子大手一挥满不在意地说道:"不用你赔偿,这样的玉佩我多得是。快从我的眼前离开,每次见到你都没有什么好事。要不是你的乌鸦嘴,我的钱也不会这么快就花光了。"

宋皓奇听后恍然大悟,原来这位公子真的急于赚钱。

宋皓奇变了神色说道:"公子,我当时好言相劝,你却不进油盐,如今散尽钱财也怪不到我头上吧?"

这位"有钱"的公子也很心虚,但从小就没有人如此驳过他的面子,仍然不肯认错。"你,你真是粗鄙!快走,别阻碍我赚钱。不然,我就叫人把你抓起来!"公子虽然语气严厉,但明显有些慌张。

宋皓奇此时却一点也不慌张了,他看得出来这位公子脸上刚刚一闪而过的心虚,明白他并没有真的生气。"公子,我劝您最好不要尝试这里的投壶游戏。经过我刚才的仔细观察,这位老板存在暗箱操作的嫌疑。"

"你多次阻拦我,反驳我的想法,到底是何居心,是和我有仇吗!"公子有些恼怒。

正当二人争执不下时,一群官兵浩荡前来,将摊主押解带走,并留下一人向围观者解释原因。原来,这位摊主有设局欺诈消费者的嫌疑。留下的那人还将摊主的装置详细地向人们讲解,希望增强人们的防骗意识。

"这样的铺子放到现代,

物有所值

应该会上一年一度的'3·15'晚会吧！"宋皓奇联想到了每年爸爸妈妈都会在家里蹲守的关于消费者保护的电视节目。

眨眼间，变故陡生，"有钱"公子目瞪口呆，这才对宋皓奇的本事有了清晰的认识，顿觉自愧不如。公子十分规矩地向宋皓奇行了礼，表达了自己的歉意，并希望宋皓奇能够帮助自己规划剩下的钱。宋皓奇再三推脱，公子便以赔偿玉佩为由"迫使"他最终应下了请求。

"叮咚，亲爱的宿主，恭喜您触发了隐藏任务——帮助游公子规划他剩余的钱财。如果完成本项任务，则不用继续进行上一个任务。"

提示一出，宋皓奇高兴得几乎要跳上天去。"真是一举两得啊！既能赔偿玉佩又能完成系统任务。"宋皓奇在心中高兴地想着。二人达成共识后，便开始了今晚的财富规划之路。

宋皓奇询问了游公子近一周所必需的物品后，便带着他在夜市中四处游逛寻找价格最为合理的商品，不仅评估价格高低，还评价性价比如何。站在小摊前和摊主砍价的宋皓奇在游公子眼中闪闪发光，他采用了以退为进、欲扬先抑等方法，以很低的价格买下了许多物美价廉的商品。

每购买一样商品，宋皓奇就在方才写下的购物清单上画上一笔，代表购买完成，直到清单的最后一行也被画了一笔。

"没想到这么快我们就买齐了,而且没花多少钱!皓奇,你真是太厉害了!"游公子毫不吝啬地夸赞道。宋皓奇不好意思地摆了摆手,说道:"其实,我之前和你一样,也是个花钱大手大脚的人。或许是经历了一些事情吧,现在我不再像以前那样了。"宋皓奇此时说出的话,有点"小大人"的味道了。

"叮咚，恭喜宿主成功完成本次任务。任务完成度良好，最终评价为S级，请宿主再接再厉，再创辉煌！"宋皓奇心想："这可是用'差点吃不起饭'换来的好成绩啊！"宋皓奇转身本要与游公子告别，却看到游公子两眼发光地看着自己。宋皓奇没想到，游公子竟然说还有一件事需要自己的帮助……

## 知识卡片

### 消费者权益保护的法律武器

消费者权益保护法是调整在保护公民消费权益过程中所产生的社会关系的法律规范的总称，一般是指《中华人民共和国消费者权益保护法》。例如，有的商家夸大自己的商品功能，就属于虚假宣传。《中华人民共和国消费者权益保护法》中规定如果进行虚假宣传，除要对消费者进行相应的赔偿，还需要承担行政处罚的后果。

### 消费预算

预算管理可以帮助人们遵循一个清晰的财务计划，而不是在没有预算的情况下不受限制地支出。通过预算管理，我们可以控制每个月的支出，并确保不会超支。同时，我们可以清楚地了解每个月的收入和支出情况，以及未来的财务状况，并依据以上信息制订未来计划。

# 第四章

## 交子智慧

# 第一节
## 交子铺的难题

宋皓奇见游公子如此真诚地看着自己,便答应了他的请求,但游公子却不肯直接告诉他到底遇到了什么问题,只是小心翼翼地说明天带他去一个新的地方,到了之后才能说。

第二天,宋皓奇想着游公子的事着急,便起了个大早,走到了城西口。卖早点的摊贩们早已零零散散地吆喝起来。宋皓奇用前一日任务奖励的钱买了一屉包子,就着豆浆吃了起来。可直到天色大亮,宋皓奇才看见游公子摇着折扇不慌不忙地走了过来。

"你求我帮忙,来得却这样迟,该当何罚?"宋皓奇假装生气地说道。

游公子笑着作了个揖,说:"等你帮我解决这一项要务,我请你到这城中最有名的酒楼吃酒,随便点!"宋皓奇笑了起来,说:"那看来我要全力以赴了。"

宋皓奇与游公子穿过大街小巷,来到了一家高大的店铺门前。宋皓奇抬起头,发现匾额上用楷书写着"游氏交子铺"几个大字。

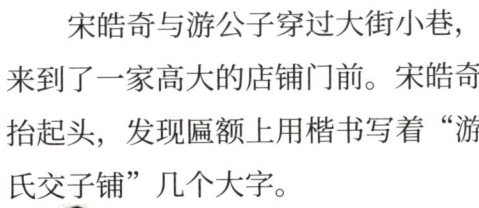

宋皓奇瞪大了眼睛:"游氏?难道你是?"游公子见宋皓奇眼中的惊愕,反而得意地摇起了扇子,说道:"不错,我正是这家交子铺的少东家。在这城中不晓得我名号的人倒也少见,你也算个奇人。"宋皓奇连忙退后作揖道:"人不可貌相,海水不可斗量,那日看你如此……原来自有底气和资本。"

听罢,游公子一下子耷拉下了眉毛,语气低低地说:"我是家中独子,父亲、母亲对我寄予厚望,希望我将来能接手家业。可是我天资愚笨,一直以来对交子铺的事务都有心无力。昨日在街上遇到小哥,觉得小哥通晓财富之道,故想请小哥不吝赐教,好好开导开导我这榆木脑袋。"

宋皓奇此时却有些犯了难,古人的智慧,岂是他一个学生可以参透的?但宋皓奇看着游公子可怜巴巴的模样,也不忍心直截了当地拒绝他。许是缓兵之计,宋皓奇只是让游公子先领着他在这交子铺里转转,游公子喜滋滋地应下了。宋皓奇心想:"若是借此机会仔细观察观察,或许能将交子铺和现代的什么所见所闻结合起来,这样或许能解游公子之围了。"

二人一踏进交子铺,一位穿着考究、模样精明的管事便迎了上来,对着游公子一迭声地问好请安,游公子则立马收了适才嬉笑的神色,背起手来,派头十足。宋皓奇凑到游公子旁边与他耳语:"你家的下人对你如此恭敬顺从,何愁将来家业不兴?"游公子小声说道:"这些管事一个两个都是人精,不拿出样子镇住他们,还不知道这家业要被他们薅去几层皮呢!"

许是二人的亲密交谈引起了管事对宋皓奇的注意,他满脸堆笑地凑上来："真是眼拙，刚才竟没瞧见这里还有一位小公子，不知小公子尊姓大名？"宋皓奇正欲开口，游公子已先他一步道："这位公子姓宋，昨日我二人坐而论道，一见如故，恰巧宋公子对于交子铺经营颇有心得，所以今日请他来看看。你不要多问了，只管领着我们参观即可。"

管事连忙称是，随后走到宋皓奇和游公子前面，一边引路，一边介绍起来："存款人把现金交付给铺户，铺户把存款人存放现金的数额临时填写在交子上，再交还给存款人，这便是我们为客户开具的存款凭证。我们随时可为客户兑换铁钱，并依照存款数额和时间收取客户的手续费用，这便是交子铺的运行机制了。"宋皓奇看着柜台后忙碌的工作人员，柜台前还站着不少手提铁钱或怀揣交子的人正排着队等待办理业务，这熟悉的情形让他想起了现代银行。

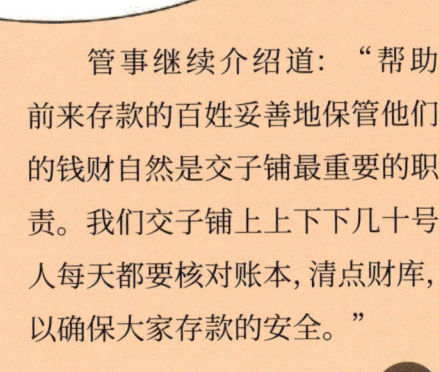

管事继续介绍道："帮助前来存款的百姓妥善地保管他们的钱财自然是交子铺最重要的职责。我们交子铺上上下下几十号人每天都要核对账本，清点财库，以确保大家存款的安全。"

听到这里,宋皓奇联想到了每天上学和放学路上都要经过的那家银行。因为时间碰巧,宋皓奇总能看到运钞车押运钞票的场景。每次运钞车旁和银行门口还有威武的武装保安对运钞安全进行全程保护。原来,银行在最早出现的时候,就十分注重存款的安全性,这让宋皓奇开了眼界。

管事随后走到一张地图前,介绍道:"随着交子的影响力日益扩大,交子铺的规模也逐渐扩大,像游氏这般成熟的交子铺,早已在全国各地有了分号。只有方便人们随时存取,才有更多的人来我们这里存钱。"

这段介绍又触及了宋皓奇的现代记忆,他心里想:"他们一定想不到,未来还会有 ATM 机和网上银行,只需要轻轻点几下就能直接完成存款、取款和转账,那才叫真正的方便!"

现代的这些"超前"技术让宋皓奇对解决游公子的问题一下子充满了信心。

"所以,游公子是遇到了什么难办的问题?"宋皓奇提问的时候,神态明显已经从犹豫变得胸有成竹了。

游公子将宋皓奇带到交子铺门口,说道:"现在看似井然有序的场面,等到中午时分,便会被打破,到时问题便会显现出来。"

随着响午将近,前来办事的百姓越来越多,只需稍加留心,便能看出现场秩序之混乱。人们纷纷高举着手,都想要第一个将铜钱或交子送到铺子里进行存款或取款。旁边一位带着孩子的妇人,因为自家小公子被人挤得哇哇大哭而与旁人起了争执。这人一多,铺子里的伙计也明显慌了神。"我是来取钱的,你问我要铜钱做什么!""我这明明是700贯,你怎么才给我500贯?"如此的呵斥声充斥在交子铺周围的空气中。

宋皓奇眼见此景,头脑里闪过现代银行的场景,顿时来了灵感,眯起眼睛笑道:"我倒有个想法,客户来这交子铺无非两种需求:存钱、取钱。所以这柜台服务人员也应该按照需求分类,一组专门负责处理存钱事务,一组专门负责处理取钱事务,各自针对业务进行培训,工作效率想必能更上一层楼!"游公子听得入神,拊掌而笑道:"宋公子此法好极了,所谓术业有专攻!管事,就按宋公子吩咐的去做。"

宋皓奇拍了拍游公子的肩膀，继续说道："别急啊，游公子。除此之外，为了让这交子铺窗口前井然有序，我还有一个法子。方才我看到后院里有许多废弃的竹简，不如在这上面按照排队顺序写上数字，每来一位客人便给他一方竹简，随后让其在旁边的房间内稍候，待叫到竹简上的数字，再前往交子铺窗口办事。这样一来，人们便不必你争我夺，等待时还能有个坐处，岂不是很好？"虽然宋皓奇未说出口，但这不就是现代银行里取号排队的事吗？

"好主意！好主意！管事，马上去办！马上去办！"游公子听闻宋皓奇的建议，抑制不住地开心。管事也听得喜上眉梢，应了个好便下去安排了。

游公子紧紧握着宋皓奇的手说道："你是个有大智慧的人，也是个仗义的人，你这朋友，我交定了！从此哪怕天涯海角，倘若你有事要我帮忙，我必定两肋插刀！"宋皓奇也被游公子的气魄打动，真诚地说道："谢谢你，很荣幸成为你的朋友。"

游公子被突然正经起来的宋皓奇说得一怔，又大笑起来，说道："小爷我一诺千金，今日就带你去'极味酒楼'开开眼！他们那的厨子做鱼可谓一绝，我早早就定了位子，现在去正是时候。"宋皓奇也被勾起了馋虫，笑着与游公子一同踏出了店门。然而，走出交子铺时，宋皓奇却忍不住深深地回望了这匾额一眼。

只有他知道，虽然交子铺被后人视为现代银行的雏形，但终究只有持有大额存款的有钱人才可以享受到相应的服务，而且随着后期官府的介入，交子铺的信用一再消耗，最终湮灭于历史的长河中。

待到了酒楼，游公子财大气粗地将招牌菜点了个遍，宋皓奇看他一副邀功的模样也不禁莞尔。正当二人大快朵颐之时,一位身着灰色短打的小厮走上跟前,垂着眉眼说:"少爷,老爷吩咐了,让您下午留在铺子中好好观摩学习,旁的哪儿也不准去。"游公子不耐烦地挥挥手道:"好了,知道了,我下午一定在那待着,一步也不多走。"小厮躬身行了个礼退下了,游公子还有些愤愤不平道:"还想着下午再领你去揽翠湖上泛舟游湖,看来只好下次了。"宋皓奇道:"无妨无妨,正巧我上午也没看够,下午我陪你同去。"游公子又笑了起来,举起茶杯说道:"敬你,我的好兄弟。"

两只瓷杯发出清脆的碰撞声,一段跨时空的友谊在此刻擦出了火花。

## 知识卡片

### 银行的运作模式

**吸收存款** 人们可以把钱存进银行,银行通过吸收存款来获取资金。

**发放贷款** 银行通过向企业、个人等群体发放贷款收取利息来赚取利润。

**投资理财** 银行销售投资理财产品,包括购买债券、股票、基金等。

**外汇交易** 银行可以进行外汇交易,包括兑换外币或进行外汇买卖等。

**发行信用卡** 商业银行可以发行信用卡,人们可以使用信用卡超前消费,到期再还款。

**其他服务** 商业银行还可以提供财富管理、保险、证券等金融服务。

总之,商业银行的运作模式以吸收存款和发放贷款为基础,同时通过其他金融服务来获取收益。

## 第二节
## 交子铺的赚钱妙招

当天下午，宋皓奇便跟随游公子再次来到了交子铺。才安分坐上一小会儿，游公子便闲不住了，跟宋皓奇使了个眼色，便又开始动歪心思了："咳咳，这一楼看不全面，我带宋公子去二楼雅间继续观摩学习，那里位置高、视野宽，看得更仔细些。你们都不许跟来，免得打扰我跟宋公子学习。"还不及仆人开口，游公子便拉着宋皓奇往楼上奔。管事看见这场景，估摸着他家公子又想溜出去玩了，却也懒得计较，也就摆摆手让仆人们别担心，继续回到自己的位置上工作就是。

"这二楼雅间果真气派！"卷玉珠帘、雕梁画栋，房间当中摆放着一张花梨大理石大案，凑近一看，垒着各色名人法帖，并数十方宝砚，书香满溢，两旁红木书架上整齐排列着数十本厚厚的账目。宋皓奇在房间里踱着步，把各处都仔细瞧了个遍。"这二楼雅间的妙处可远不止于此，宋公子，瞧好了！"说罢，游公子轻轻扯了下珠帘旁边的挂线，"哗！"华贵精致的珠帘向两侧缓缓拉开，暖色灯光顷刻洒入，游记交子铺的全貌犹如一幅生动画卷在宋皓奇的眼前渐渐铺开。"哇！"他不禁感叹出声。"嘿嘿，宋公子，这下你可以在这好好看看、学习学习了，至于我嘛，还有要事在身，就先行一步咯。可不要告诉管事！好兄弟！"游公子熟练地从柜子里翻出一套便服换上，拍了拍宋公子的肩膀，嘱咐了几句，便一溜烟地不见了。宋皓奇无奈地笑了笑，便移了个小凳子到雅间栏杆前坐了下来。

今天下午交子铺的生意不错,才一个时辰便有数位衣着华贵、春光满面的商人来往于此。仔细观察了一阵后,宋皓奇发现他们来做的事大多与书本里所说的并无二致,与他早晨观察到的也无差别。宋皓奇呆呆地看了一会儿,觉得光看没意思,也想参与到交子铺的运营中去,便收拾好东西下了楼,谁知这一下去便遇上了麻烦。

"你好,我想要贷款。"一位锦衣华服的商人步入交子铺。

"没想到这小小的民间交子铺也有贷款业务。"宋皓奇心里感叹着。

宋皓奇是从父母嘴里听来的这个词语，因为家里的房子就是贷款买来的。"贷"的意思就是"借"，"贷款"就是借钱的意思。例如，家里没有足够的资金购买房屋时，便可以向银行贷款先行购买，然后在规定时间内还清即可。当然，除了归还本金，还要归还额外的一部分钱，那便是利息，银行也就是靠这种方式营利的。

宋皓奇很想知道古代的贷款业务是怎样开展的，便悄悄摸摸地站到了伙计的身后。宋皓奇打量着眼前的这位商人，他身着青色鹤氅、金丝镶边，举手投足间都带着气宇轩昂的劲儿。"我刚到此地，想做笔大生意，贷款数目也不多，最好今天就能交付，我也好早点动工。"这位商人缓缓说道。

"请问，您想要贷款的数额是？"

"两千两银子。"

"两千两?"宋皓奇闻言一惊,细细琢磨道:"按之前游公子跟我交流的情况,这家交子铺现在的存款也才两千四百两左右,这一下子贷款出去这么多怕是不妥。"宋皓奇思索着,偏头看向了一旁的柜台服务人员。他一脸愁容,怕是也犯了难。"这位客人,您先稍等,我去叫我们管事的来。"说罢,便急匆匆地离开了。

"哈哈,还说这家店是这里数一数二的交子铺,连区区两千两都拿不出来,真是叫人笑掉了大牙。"商人放声大笑起来,把周围人的目光也都吸引了过来。

"这位客官,别着急嘛,您确定是要贷款两千两吗?"管事匆忙跑来,还没到商人跟前便举手大呼道。

"对啊,我就是要借两千两。"商人提声说道。

"不瞒您说,小店昨日才贷了几千两给一位开酒楼的客人,这……"

还不等管家说完,商人继续放声大笑道:"哈哈哈,还真是没钱了,这传说中数一数二的交子铺也不过如此嘛。在我们家那边,随便一个路边小店都能贷出几千两来,这所谓的繁华汴京倒真是不过如此!"

商人的嘲笑声将街边的路人也吸引了过来,交子铺周边围着的行人越来越多,窸窸窣窣的议论声不绝于耳。面对这样的场景,管事也显得有些无措,连忙解释道:"客官,这您可真是说笑了,不就是两千两吗?我们当然可以贷款给您,就是这利息……"

"哈哈,好说,好说!不就是利息吗,还款之日我给你们三成利息如何?"管事的眼珠子一转,悄悄嘀咕道:"三成?这可不是个小数目啊。有了这笔钱,我们交子铺可不就直接活过来了吗?"管事的越想越高兴,心想,这可是个大客户,救世主啊!连忙把商人往里请。

"您早说嘛!这钱我们必须贷给您,而且只能是我们贷给您,放眼这汴京,哪还有比我们更有实力、更讲信用的交子铺啊?大人您来我们这可真是来对了。"管事的继续说着俏皮话,两人越聊越高兴。眼看着就要叫小厮去库房里拿银子了,宋皓奇有点坐不住了。

"这钱不能贷!"情急之下,宋皓奇直接大喊了出来:"这两千两不能贷!"管事的和商人均是一愣,不知道这毛头小子是什么时候窜出来的。

眼看宋皓奇就要坏了交子铺的大好事,管事连忙把宋皓奇拉到一旁道:"小子,你在胡说什么?三成利息,你懂什么是三成利息吗?咱平时做那么多买卖,收的利息连一成都不到,这大老板一来就给三成利息,你好好算算,这钱咱拿到可不就发财了吗?!再把这大老板伺候好一点,那钱可不就源源不断地流进咱们交子铺了吗?"

"可是,我们现在一共就只有两千四百两银子,这一下子贷款出去两千两,万一在这位商人还款之前其他客人来取款怎么办?我们可就没钱给他们了啊!"宋皓奇着急地解释道。

"你懂什么!把这一位大客官伺候好了,不比伺候那千千万万的小客官舒坦?终归是个小毛孩,连这道理都不懂!"

"可是……"宋皓奇还想辩解什么,但看着管事一副被"三成利息"迷了眼的样子,他知道,现在自己说什么都没用了。一眨眼的工夫,管事就将两千两银子全部放在了一个大箱子里,还吩咐一众小厮好生将箱子抬到这位商人的府邸去,而后好声好气地送走了商人。那一大箱银子也就在众目睽睽之下离开了交子铺。宋皓奇呆呆地坐在一旁,祈祷着自己担心的事情不要发生。

送走商人之后,管事好长一段时间都沉浸在即将发财的美梦里,想着等商人将本金和利息还回来之后,再好好地向老爷、少爷邀功。

但好景不长,没过两天,宋皓奇担心的事情还是发生了。

那天,宋皓奇如往常一样早早地到交子铺与游公子相会,走到门口却发现交子铺一大早便乱哄哄地挤满了人。他连忙上去询问怎么回事。

"哎,还能怎么回事,咱库房只剩下几两银子了,大家都来取钱,我们给不出现钱了。一传十,十传百,许多在我们这里存钱的老顾客都害怕取不出钱,于是上赶着来取钱。可我们哪里拿得出钱啊!"

宋皓奇闻言既无奈又着急。他去找管事,发现管事正一个人坐在柜台旁垂头丧气,"哎,都是我不好,都是我不好。"宋皓奇不知道该说些什么,只好安静地坐在管事旁边安慰起来:"没关系的,等到贷款的客人还钱就好了。"

"哎,库房里没钱,我这几天跑了好多家贷款的客人,腆着老脸去盼着人家早点还款,可哪有那么容易啊。没有到约定的期限好多客人都不愿意返款,返款的几家数目都小得很,完全不能支撑交子铺的运营。而且经过这件事情一闹,我们库房里没有现钱的事情早就被大家传开了。要是这铺子垮了,我怎么向游老爷交代啊!"

"哎,没关系的,会有办法解决的。"宋皓奇拍了拍管事的肩膀,也说不出更多的言语。

管事抬起头,看着宋皓奇说道:"哎,现在他们都怪我见钱眼开,害了交子铺,我是真后悔啊。当时要是听你的就好了,这交子铺怎么都得留些银子的,怎么能为了拉拢一个客户而忽略了千千万万个客户啊。失了民心,这交子业务怎么都做不起来的,信任我们的人多了,才会有更多的人找我们存款、贷款、取款,这交子铺才能越开越好啊。"

管事说到这里,宋皓奇的眼前任务弹窗再次出现了——"亲爱的宿主,请不要忘记,只有完成任务才能离开游戏。本节的任务内容不会给予提示,请尽最大努力解决你和身边朋友遇到的危机,这将影响你在本区域内的任务评级。"

"没有任务提示?"宋皓奇明显有些慌张。但他的眼神与管事惶恐的眼神接触时,他好像明白了自己的任务……

## 知识卡片

### 银行在经济社会中的作用

**金融服务** 让资金流动更加便捷。银行的存取款和贷款业务可以让资金便利地存入、取出、贷出,使得资金流动更高效便利。

**风险管理** 保障资金安全。银行作为专业机构具备风险管理能力,能够帮助个人和企业规避风险。最简单的例子就是——将钱存入银行,比自己随身保管要安全很多。

**经济稳定** 中央银行负责发行货币,可以根据市场需求决定投放多少货币到市场上,从而对经济进行调节和引导。银行还可以投放信贷,让需要钱的人手里拥有更多的钱,这些拿到贷款的人便能够进行更多的消费或其他活动,从而实现经济增长。

## 第三节
## 交子铺的信誉

宋皓奇挖空心思想法子。他首先想到的是用自己打工的钱先将这个窟窿补上，日后再告知游老爷真相，把这钱讨回来。但宋皓奇和管事翻遍身上的所有口袋，把钱全部加在一起也凑不出来几千两银子。

宋皓奇转念又想，既然大家都能贷款，那不如以游记交子铺的名义去向其他交子铺贷款，日后待收回了自家的贷款，再归还从其他交子铺借的钱。然而，真正实施时，

宋皓奇却发现没有哪家交子铺愿意向游家贷款。一问原因，便是说游家不信守承诺。之前游家因为没有现钱兑换，可是得罪了不少顾客，信用也受到了影响。

日子一天天过去，问题非但没有解决，反而越发严重，交子铺前每日都被堵得水泄不通。

宋皓奇这一日又和管事坐在院内楼梯上想法子，此时一双很有力量的手落在了宋皓奇的肩膀上。宋皓奇回头一望，见是一位面容严肃的中年男子，而他旁边站着的是游公子。

"这是我父亲。"游公子介绍道,"我与父亲知晓了铺子里发生的事情,便赶来询问情况。"

宋皓奇将事情的来龙去脉讲述了一番,只是将其中与管事有关的部分省略了一些。游老爷听说后,略微思忖,然后说道:"谢谢你对此次危机做出的努力。不过,未来这放贷之事还是应当严加审核。不过还好,我担心会发生这样的事情,因此提前准备了'备用库房',里面尚有一些现钱,先拿来解燃眉之急吧。"

因为"备用库房"的存在,交子铺的经营逐渐回到了正轨,而令宋皓奇高兴的是,这次交子铺的危机不仅得到了解决,自己还因为在游老爷面前没有特意禀报管事的失误而获得了管事的信任。

"可是,这阵子交子铺内风平浪静,系统却没有放我去下一个地图,难道交子铺还会遇到新的危机?"宋皓奇越发觉得不对。

突然,一阵不受控制的身体摇晃打断了宋皓奇的思绪。"皓奇,皓奇,回神了!管事想和你聊一聊。"原来是身侧的伙计见宋皓奇闭上了眼睛,便想要唤醒他。

"好的,我马上过去。"宋皓奇起身向管事的屋中走去。远远地,宋皓奇便看到管事站在门前。

管事看到宋皓奇后，上前几步，热情地将宋皓奇请进了屋里。屋里已经备好了热气腾腾的茶水。"皓奇小兄弟，之前的事真是多亏你了，我为之前的固执己见向你表示歉意，还望你莫要计较啊。我还盼着能留住你这不可多得的人才和我多多交流经营之道哩！"宋皓奇坦然接受了管事一番真诚的夸赞以及歉意。

　　但一想到游戏任务的事情，宋皓奇便不禁开始对周遭的事情小心警惕起来。他一边观察管事一边心想："这危机藏在哪儿呢？莫非又是这管事？不过，见他最近面色红润，喜气洋洋，也不像交子铺会出事的样子啊……"

宋皓奇并未露出怀疑的神色,而是正经询问了管事许多交子铺近日的状况,管事在对谈之中的表现十分正常,并没有任何让人生疑之处。

几杯茶后,宋皓奇看了看天色,发觉已经和管事聊了很久。"我不能坐以待毙了,必须积极寻找任务推进的节点!"宋皓奇以与游公子会面为由向管事告辞。望着宋皓奇离去的背影,管事习惯性地摸了一把胡子,心中十分满意,"这孩子有天分,还上进,我可真是慧眼识珠啊,牢牢地把这棵好苗子留在了铺内。"管事已经完全忘记了自己之前是如何嫌弃这个毛头小子的了。

宋皓奇心里怀着沉重的担子向前厅走去。路上,他看到有几人围在一起窃窃私语,偶有只言片语传进耳中,只能听清"赚大钱""没风险""放心"等断断续续的几个词。这段小插曲并没有吸引宋皓奇过多的注意力,毕竟他在经历了这么多游戏任务之后,已经不会傻傻地相信这个世界上还有无风险甚至不劳而获的挣钱方法了。

"哎,这些人还是太年轻了,不知道社会的险恶啊。"宋皓奇故作老成地摇了摇头。此时,他还不知道一场新的风暴将要来临。

接下来的几天里,宋皓奇一直在仔细观察交子铺的各种情况,包括人员和借贷交易的情况。业务一直井井有条地进行着,基本不出差错。但一些细节还是让宋皓奇有些疑惑,具体来说就是一些伙计的神情有时惴惴不安,有时情绪激昂,脸上浓浓的黑眼圈和倦容显然暴露了他们异样的精神状态。

"不对劲,这里面肯定有猫腻!他们的样子看起来太诡异了,就像……""赌徒?!"宋皓奇惊叫出声。

宋皓奇拨开面前的迷雾，发现四周早已被迷雾环绕，一时找不到方向。"肯定有其他异常的细节没有被我注意到。"宋皓奇喃喃自语道，内心暗暗设下了一计。

　　第二天，宋皓奇再次来到了交子铺，一进院门就摆出了一副悲伤无奈的样子。一位热心的伙计见状，立马凑了上来询问缘由。

　　"哎，我也没办法呀。家母重病，家父早亡，如今只能靠我撑起这个家了。"听闻此状，热心的伙计立刻把宋皓奇拉到一旁，神神秘秘地问他："小兄弟，我看你家里也挺苦的，有没有兴趣和我一起挣钱？"

　　宋皓奇敏锐地察觉到异样，便装作很感兴趣的样子，请求他把赚钱的法子介绍给自己。

　　"这个'赚钱秘籍'可不是随便一个人就能知道的，你千万别外传。"得到了宋皓奇的保证后，他继续说道："你看我们每日在这交子铺当值，每月三日的假期，却也赚不了几个钱。近日，我从小道消息打听到官府对城西那片商铺有些规划，相信以后那里的铺子一定重金难求！我们现在要做的就是抓住时机买下商铺，到时候再卖出去，哈哈，绝对一本万利的好买卖。"

宋皓奇装作一副信以为真的样子，好奇地问道："可我一个穷苦人家的孩子，可以说身无分文。这本钱从哪来啊……"

伙计笑着说道："哎哟，你可真是个死脑筋！近水楼台先得月的道理你懂吧？我们可以借用这铺子里的钱啊。"

"这，这真的可以吗？如果被人发现了怎么办？"宋皓奇在心里为自己的演技点赞，这种惶恐不安的感觉可演得太真实了。

"你以为管事最近为什么日子过得这么滋润?我们早就打点好了,只要不影响交子铺的正常经营,管事不会说什么的。"伙计一边说着,一边拍了拍宋皓奇瘦弱的肩膀,一副鼓励他加入的表情。

宋皓奇也装作一副被金钱蛊惑的样子,满是憧憬地望着伙计点了点头。告别之后,宋皓奇急忙向游公子住处赶去。

"诶,皓奇,你怎么过来了?在我家吃顿饭再走吧。"游公子此时还被蒙在鼓里。

"没时间吃饭了,交子铺要出大事了!"宋皓奇与游公子详述了自己打听到的消息,游公子听后也是大吃一惊。

"当务之急就是要赶快阻止他们,不然这挪用存款的事传出去,我们铺子以后就很难被商户信任了。"游公子也知道问题的严重性,二人十分严肃地商谈后,觉得搜集证据后马上上报官府最为妥当。

当日夜深之时,游公子与宋皓奇便探入了管事的房间,并在抽屉的隔层之中,找到了一本秘密账本,上面如数记载了伙计们挪用钱款的日期、金额以及是否归还等信息。

隔天，交子铺中几个挪用钱款的员工就被官府抓了起来，严刑审讯下纷纷交代了一切罪行，得到了应有的惩罚。宋皓奇再次挽救了游氏交子铺，他在游公子心中的地位更上一层。交子铺内也一番喜气洋洋的景象，留下来的伙计纷纷向宋皓奇表达着谢意，毕竟如果交子铺倒了，他们也就失业了。

宋皓奇发自内心地高兴，同时心里也在琢磨着最近发生的事情。金钱往往伴随着无穷无尽的欲望，不然这管事也不会一而再再而三地犯错。与此同时，宋皓奇也明白了一个道理，那便是信用的重要性。如果有人问他该选哪家交子铺，他或许会回答："就选那家信誉最好的吧！"

想到这里，时间再次暂停，系统的声音在宋皓奇脑海中响起："恭喜宿主完成任务！由于宿主没有成功阻止管事将钱款全部贷给客户，对交子铺的经营造成了一定的不良影响，本次评价为 S 级。下个任务请再接再厉，完成后即可回到现实世界。"

## 知识卡片

### 银行在经济社会中的作用

良好的信用对于社会中的每个人来说都是十分重要的。事实上，每个人的信用都可以被评价，我们把它叫作"个人征信"。你的信用良好的时候，你在银行办理贷款等业务时会更加便利，也更容易获得自己需要的资金。设想一下，如果你是一个不守承诺的人，哪家银行会愿意贷款给你呢？

# 第五章
## 财富之引

# 第一节
## 一字之差的交引

对于地图传送，宋皓奇已经习以为常。此刻月色静谧如水，宋皓奇被传送到了自己的住处。暂时无事，任务也没发布，宋皓奇便索性坐在院门口纳凉。

"娘，我还想吃您做的桂花糕！"挽着双鬟的小姑娘扯着母亲的衣角撒娇，"好好好，明儿就给你做。"慈爱的妇人牵起女儿的手，沿着青石板路向家的方向走去。

看着母女二人的背影渐渐消失在夜色中，宋皓奇心中也是思绪万千。大宋的风土人情固然有趣生动，但离家许久的游子同样对家乡充满了思念。正在他心生惆怅之时，熟悉的电子音再度响起："恭喜进入第五章节，请宿主在本章节全方位了解交引。"

前些日子刚和交子打过交道，这交引又是何方神圣？宋皓奇有些摸不着头脑，思来想去，他决定第二天一早去找游公子，请他一起想想办法。

第二日，宋皓奇早早来到了交子铺门前，新来的管事连忙迎他进门，请他在店中稍候。可左等右等，宋皓奇吃完了两碟子点心，茶杯也续了三次水，还是不见游公子的身影。管事看出了宋皓奇的急躁，他也听闻过这位小宋公子的大名，便上前摆出笑脸道："许是府上有事耽搁了，不知宋公子今日寻少爷所为何事，倘若事出紧急，我这就让小厮回去通传一声。"

宋皓奇清清嗓子："谈不上紧急，只是近日对交引颇感兴趣，想请你们少爷为我解惑罢了。"管事微微躬身，说道："谈到交引，小人倒也有一定了解。如果公子不介意，不如先让小人为您简单介绍一番。"宋皓奇点头应好。

"所谓交引，乃是官府鼓励商人到边境缴纳粮草的产物。商人在边境缴纳粮草，便可以获得对应价值的交引，商人凭交引再赴京城或产地领取钱、茶、盐、香、矾等物来抵偿。因可以兑换的商品种类不同，交引又区分为茶交引、盐交引、香药交引、矾交引等。"

"以这茶交引为例，在茶叶贸易过程中，茶引作为取茶或提货的凭证，在茶叶贸易中发挥着重要作用。"

宋皓奇听完不语，管事发觉了宋皓奇的不寻常，开口问道："可是有解释不清之处？宋公子尽管说出来。"宋皓奇摇摇头道："您介绍得十分清楚，交引的出现也为边境军队的粮草提供了保障。"只是宋皓奇有些疑问："原来茶商直接从茶园购买茶叶，十分方便快捷，但现在双方必须通过官府进行买卖交易，而官府也需要投入人力、物力来进行管理，是否有些过于复杂了？"

"正是，负责茶务的官吏工作勤勉还好说，若遇上那不闻不问之

人,既苦了商家,又苦了茶园种植户,也影响了官府的茶利收入。"

一阵开门声从两人身后传来,二人转头向门口看去,原是姗姗来迟的游公子摇着折扇踱步而来。宋皓奇忍不住笑了出来:"让我瞧瞧,是哪里的大忙人,可让我好等!"游公子晃着脑袋:"俗话说,来得早不如来得巧,你们二人谈什么呢,也说与我听听。"

"宋公子近日对交引感兴趣,小人才疏学浅,叫游公子看笑话了。"管事赶忙又为游公子沏茶,待他坐定后便退下了。

游公子用折扇敲敲桌子:"怎么突然想起问交引的事了?顶没意思的东西,不过你要是感兴趣,我倒是可领着你转上一转。"宋皓奇

眼睛发亮，心想："系统这次的任务发布太过宽泛，完全抓不住重点，若有游公子相助想必能有大进展。"于是，便自然应好。

二人穿过大街小巷，在胡同中左拐右拐，直把宋皓奇转得脑袋发昏。"这到底是去哪啊？我本来只有七分饿，现在走路走得有十分饿了！中午定要狠狠宰你一顿。"

游公子依然不语，直到一个馄饨摊前："窈娘，两碗馄饨，三个火烧，若有甜汤可再来两碗。"被称呼为窈娘的女子脆生生地答了声好，便开始忙活起来。宋皓奇看着粗糙的条凳板桌，再看看一身锦缎的游公子，揶揄道："我以为游公子顿顿都是一品酒楼那般的山珍海味，没想到还有如此接地气的一面呢。"

游公子被打趣了也不恼，大大咧咧地坐下道："莫要瞧不起此处店面小，窈娘的手艺可是一绝。"宋皓奇提壶为二人斟茶，随口问道："那你又是如何寻得此处的？"

只是随意的问答，没想到游公子眼中的光芒却一下子黯淡下来，他慢吞吞道：

你可知我们游家是做何生意的？

宋皓奇愣了："不是交子铺吗？"

"非也，交子铺只是游氏的产业之一，游氏最早发家，靠的是茶叶。这位窈娘便是游氏名下茶店管事的夫人，前几年我曾跟着那管事来过。"

"还有这等事？怎不太听你提起茶店的事务呢？"宋皓奇追问道。

"方才你也说了，官家作为茶商与茶园户之间的唯一贸易渠道，实现了对茶源的垄断，同时严禁双方私下交易。但总有铤而走险之人选择贩卖私茶牟利，我们这种卖官茶的市场空间便被严重挤压，窈娘的丈夫为了帮游氏茶店博取一线生机，决意走水路运输茶叶，谁承想遇到风雨，便没能再回来。窈娘不肯要我们的抚恤银子，坚持用馄饨摊维持自己与孩子的生计，游氏从上到下几百口人，便都尽力来照顾窈娘的生意。"

宋皓奇怔住了，他意识到交引不仅是一张薄薄的纸票，更背负着

一些历史的沉重。他正欲开口再问些什么时，窈娘端着馄饨与火烧走到了近前。

"刚出炉的火烧，又香又脆！这位小哥瞧着面生，可是游公子的朋友？"窈娘笑意盈盈地问道。

"某宋皓奇，幸会幸会。方才游公子已将窈娘你的手艺夸了一百零八遍，定是名不虚传！"宋皓奇微笑着回答道。

"游公子最爱开玩笑，二位吃着，有什么需要的尽管招呼我就是。"窈娘福了福身子，又回到锅前忙碌起来。

"馄饨馅大皮薄，汤底浓郁鲜香，烧饼香酥可口，真是不错！"宋皓奇吃得赞不绝口，游公子看着宋皓奇满足的面庞，也朗声笑了起来，可眉目间仍有几分不散的忧郁。

## 知识卡片

### 交引

　　交引,是宋朝准许商人在沿边地区缴纳粮草或向京师缴纳金银、丝帛后按价值发给商人一定商货或现钱的凭证。商人凭交引可赴京城或产地领取钱、茶、盐、香、矾等商品。因种类不同,交引又分为见钱交引、茶交引、盐交引、香药交引、矾交引等。

## 第二节
 用交引来赚钱

　　一旁正敞开了怀尽情品尝美食的宋皓奇听到了坐在旁边的游公子浅浅的一声叹息，囫囵着将口中仍冒着热气的馄饨吞下去，然后抬头看向游公子。游公子没想到沉浸在美食中的宋皓奇如此敏锐地注意到了自己的情绪，眉目间还带着尚来不及掩饰的愁绪。

　　"呦，我们一向乐观、嘻嘻哈哈的游公子也有怅然若失的时候，这可真是前所未有啊。有什么困难说出来与我听听，我同你一起想想有没有法子解决。"宋皓奇隐约窥见了他心中的烦闷，不想气氛过于严肃，因此，半是调侃半是认真地传达了自己十分乐意帮忙的意愿。

　　游公子听后神情动容，激动地抱住了宋皓奇，闷闷地说："皓奇，你可真是我的知己，一直为我排忧解难。"

　　"诶诶诶，游公子，你别抱着我了。我方才未用布巾擦嘴，油花都蹭到你的衣服上了。"闻此，生性有些洁癖的游公子快速放开了宋皓奇，一边口中念叨着："在哪呢？蹭到哪里了？皓奇，我看不到，你快帮我看一下。"一边把肩膀的布料向前拽，想要看个

一清二楚。

　　宋皓奇偷偷地笑着，脸上布满了恶作剧成功后的笑容。游公子一直看不清肩膀旁的衣物是否被蹭上油渍，只好唤来了站在一旁待命的小厮查看。

　　小厮上前一步看到宋皓奇脸上的笑容，再看看自家公子因洁癖而抓耳挠腮的样子，为了保持对公子的尊重，强压下想要偷笑的欲望，紧绷着面部肌肉回答道："公子，您的衣物上一块油渍都没有，很干净。"

　　游公子这才恍然大悟，发现自己被戏耍了，将视线从衣物移到了旁边人的身上。此时的宋皓奇已经笑弯了腰，头低下去的高度已堪堪和饭桌平齐了。"好啊你，竟然敢戏耍本公子，看我如何'回报'你。"手中动作不停，作势要去挠他的痒痒。宋皓奇连连告饶："好啦好啦，我们不要闹了。现在可以告诉我你烦心的原因了吗？"

游公子正了正神色,回答道:"皓奇,我出生在钟鼎之家,又是父亲的老来子,荣华富贵虽享用不尽,但作为家中独子,必须承担起自己的责任,我不愿祖辈积攒下的产业败坏在我手中。如今父亲已到知天命之年,身体每况愈下,他最大的心愿就是能够看到家业在我手中发扬光大,代代传承。前些时日你帮我解决了交子铺之危机,我也学到了不少,最近父亲便想将与交引相关的家业也交给我,让我来试一试。若是成功,我也好让他心安。另外,也好给像窈娘的丈夫那样曾经为我们游家出生入死的兄弟们一个交代。"

说到这里,游公子的声音有些感伤,似是不愿意面对过去和未来的生离死别。看到宋皓奇目光灼灼地与自己对视,游公子多了一份安心,"幸好,如今我不是一人在奋战。"宋皓奇就如同一根定海神针稳住了他心中翻起的巨浪。

游公子继续说道:"我始终对这交引提不起兴趣,只觉得是个顶没意思的东西。我如今一听到'交引'就心中烦闷,才赶快拉你出来透气。"

宋皓奇拍了拍他的肩膀,"我对交引也并不熟悉,我们一起尝试一下吧。放心,无论如何我都会和你一起面对。谁让我是你的'知己'呢!"游公子扑哧一声笑了出来,氛围也逐渐变得轻松起来。

此时系统的提示音在宋皓奇耳边响起:"最终任务,尝试利用各种交引通过投资方式赚取财富。当财富值达标时,自动退出游戏。"

"原来又是赚钱。"宋皓奇心中有些不屑。毕竟之前已经有过一次经历,听到这个任务时宋皓奇表现得十分淡定。

然而,转念一想——通过"投资",还得通过"交引"投资——这是什么奇怪的任务?宋皓奇在现实生活中可从来没有尝试过投资,而游公子之前也只是把交引当作一种取茶叶的凭证罢了,看起来也不像有投资经验的样子,这让宋皓奇犯了难。

游公子见宋皓奇表情有异,便关切地问道:"宋公子……你这是怎么了?怎么突然脸色就暗了下来……"

宋皓奇这才意识到自己不小心展露出的神色又让旁人"另眼相待"了,连忙挥手掩饰自己的神情,让自己恢复方才的快活样子,说道:"没事没事!只是刹那间我想到,若是继续用往日的方式买卖茶叶赚

钱可能行不通了。我这副样子也只是在思索如何更巧妙地利用这交引来赚取财富。"

游公子这才放心下来,而宋皓奇的大脑也在飞速地检索着自己的现代记忆。突然,一次与爸爸的对话闯入脑海——

"爸爸,你这电脑上红色和绿色的数字究竟是什么啊?是游戏吗?"

"哈哈哈,皓奇,你要称它为游戏也行。不过这是投资游戏,是真正和金钱有关的游戏。"

"那这游戏是怎么玩的?爸爸教我一下!"

"好啊!皓奇你看。"记忆中,爸爸把年幼的自己抱在怀中,指着电脑屏幕说道:"你看这根弯弯曲曲的线,它代表的是股票的价格。我们在股票价格低的时候把它买进来,等到价格高的时候再卖出去,就能赚到钱了。"宋皓奇的父亲简单地解释了投资的原理。

"那这个游戏规则好简单!我一定能拿高分!"

"哈哈,我相信我们家皓奇一定能拿高分。不过,这里有上千家不同公司的股票,要想判断准确哪些会涨,哪些会跌,可不是一件容易的事情……"

　　记忆在这里开始变得模糊起来，但这番对话一下子点醒了皓奇。这交引是官府发放的，但并非所有商人都有对应产品的"经营许可证"。就以游公子家为例，游公子家经营茶叶，但如果游公子家拿到的是盐交引，就算能换到盐，也没有资格售卖，此时交引便成了一张废纸。但游公子家不需要盐，并不代表其他商铺不需要。如果时机、手段恰当，将商铺不需要的那些交引以低价购入，再用较高的价格卖给需要的商铺，中间的利润差可不容小觑。

　　宋皓奇将这一想法告诉了游公子，游公子连连称赞其才华。宋皓奇被他突如其来的称赞打了个措手不及，不好意思地摸了摸后脑勺道："我只是经常看到周围人投资的做法，突发奇想罢了。"游公子有些疑惑："周围人？皓奇的亲眷有研究投资的吗？"宋皓奇这才反应过来自己又说多了，连忙打着哈哈圆过了这个问题。

　　此时正值中午，两人看着忙碌的窈娘，默契起身，将饭食的钱放在桌上后转身离开，开启了交引投资的尝试。

　　他们只是拜访了几家商铺，便发现这些商人手中多少都有些"无用"的交引。比如隔壁香料店的老板手中有许多盈余的盐交引，但香料交引却不足。于是宋皓奇与游公子便四处寻觅，从一家经营矾石的商铺那里低价买入了许多香料交引，然后以高价出售给隔壁香料店老板——这也是两人完成的第一笔投资。

　　从日上三竿到星辰满天，宋皓奇与游公子在城内奔波了一整日，得益于他们对市场情况的充分洞察，二人的投资尝试十分顺利，手中的财富也增长了不少。

　　二人看着账目，心被满满地填充着。见识到了交引无限的潜力，

二人对这项新的投资充满了期待。躺在床上的宋皓奇暗自想着:"照这样下去,应该不到几日自己便能达到任务的目标了!"然后便安心睡去……

## 知识卡片

### 投资

　　投资是指将资金或其他资源投入某种资产或项目中,以期望获得未来的回报或利益的行为。投资是一种理财方式,其目的通常是增加财富、实现财务目标或满足特定的需求。

　　具体而言,投资可以是购买股票、债券、房地产、基金、外汇等金融资产,也可以是投资创业项目、企业股权、艺术品、珠宝等实物资产。投资者通过购买这些资产,期望在未来获得资产价值的增长、股息、利息、租金或其他形式的回报。

## 投资逻辑

**长期投资**

长期投资是指将资金投入具有潜在增长和回报的资产中,并持有一段时间以实现长期的资本增值。简单来说,就是当你认准一个投资项目未来一定会向着好的方向发展,你便可以长期进行投资,对于短期内的起伏则可以不那么关注。

**权衡风险与回报**

投资者通常会根据预期的回报来承担一定的风险。因为高回报往往伴随着高风险,而低风险往往伴随着低回报。投资者需要在风险和回报之间进行权衡,根据自己的风险承受能力选择适宜的投资方式。

**分散投资**

分散投资是指将资金分散投资于不同的资产类别、行业和地区,而并非将所有的资金都投放至一个产品中,即"不要把鸡蛋放在一个篮子里"。

## 第三节
## 度牒交易热

"从这次来看,我们真是做生意和投资的一把好手,我相信家业在你手中一定能发扬光大。"第二日早晨,宋皓奇与游公子相约再度见面,话题依然逃不开昨日的交引投资。

听到他的赞美,游公子若是有条小尾巴恐怕都要翘上天去了,言语中的得意毫不掩饰,"那当然喽,本公子的经商天赋和独特眼光可是遗传了我父亲,自然比旁人要强上许多。往后我们二人"双剑合璧",定能事半功倍。有我在,保证让你吃香的、喝辣的。"游公子拍着胸脯信誓旦旦地保证着。

宋皓奇听后却没有如以往一般笑着调侃回去,罕见地沉默了。

游公子有点怀疑自己是否说错了话,惹得自己的小兄弟不开心了。只有宋皓奇心里清楚也许没有什么"往后"了,这已经是最后一个任务。一旦完成,自己就会回到现实世界,以后大概率不会再和游戏中的这些人物产生联系,就此相忘于江湖。

游公子眼见旁边人的悲伤满得都要溢出来了,慌乱得不知如何是好。"皓奇,你是不信任我吗?"语气中充满了小心翼翼。

宋皓奇的内心有两个小人正打得难舍难分，一个叫嚣着应该把事情告诉游公子，毕竟这个世界里他给予了自己莫大的帮助，称得上至交好友；另一个则在大声反驳，因为这种像科幻小说一样的故事对于宋朝人来说太奇怪了，贸然说出来实在鲁莽。

经过两个小人艰难的争斗后，宋皓奇长舒了一口气，决定将自己即将离开的事情半真半假地说给游公子听。"游公子，非是我不信任你，只是我往后要随父母迁居去别的地方生活了。"

游公子听后却没有预料中的感伤，反而面带笑容，"没关系的，皓奇。即使你我相隔千里，也不会磨灭你我的兄弟情谊。日后我们无法见面可以通过书信的方式互相问候。"

宋皓奇心中的感伤褪去，道："'海内存知己，天涯若比邻'，游公子，我来到这里遇见你真是莫大的幸运。"二人相视一笑，不再纠结于日后，专心享受如今难得的悠闲时光。

早餐过后，两人摸着圆溜溜的肚皮心满意足，缓步在街上消食。突然，游公子似是下定了某种决心，语气坚定地与宋皓奇说："皓奇，我觉得我们要趁热打铁，再接再厉，寻找新的投资机会。我必须快些成长起来才能让父亲放心。"

宋皓奇也正有此意，毕竟任务还未完成就说明接下来还有挑战在等着他。但他并无一点不耐烦，游公子就如同一根定海神针稳住了他心中翻起的巨浪，他也希望自己能够尽可能地同异世界的这位至交好友一起成长为独当一面的人。

见到宋皓奇十分赞同他的想法，游公子便带着他回到了交子铺，向管事咨询相关事宜。管事见多识广，也比宋游二人成熟许多，应当有不少消息。

二人刚进入交子铺,管事便迎了上来。宋皓奇开门见山地向他咨询最近有何项目值得投资。你别说,管事还真有些消息,只见他沉思了一会,开口道:"不知二位公子是否听说过'度牒'?"

"那不是僧侣的身份证明吗?"宋皓奇有点疑惑,不懂度牒和适合投资的产品有什么关系。

接下来管事的话便解开了他的疑惑,"宋公子说得不错。除此之外,度牒还有免除赋税徭役、赈灾、充军费、保值等作用。它的作用如此广泛,许多人都想要拥有,因此其价值在这几年虽偶有跌幅,但大体呈上涨趋势,不失为一个投资的好机会。"

游公子和宋皓奇对之前在交引投资时运用的"低买高卖"方法还有着深刻的印象，这度牒的投资也有类似之处，因此听到管事刚才的话都觉得可以尝试一番，便频频点头。

管事继续讲解道："如今朝廷卖出的度牒与僧侣的度牒还是有些差别的。卖出的度牒不记名，因此民间度牒的交易频率很快，可多次转手，有些商人看到商机便炒高价格从中赚取利差，单价从最初的 130 贯涨至 300 贯。"

"哇！这么高！"二人齐声发出惊叹。

管事只是淡定地接着说："由于过度炒高价格，后续竟接连跌至 90 贯。此时朝廷出手了，不满价格太低，要求民间停止交易三年，并销毁了京城部分度牒，引发了民间对度牒热的恐慌，而后争相抛售至 20 贯。"

游公子听后很是不解："既然已是如此低的价格，估计日后也不会掀起太大的浪潮，管事为何还要建议我们买卖度牒呢？"

"公子莫要着急，仔细想想度牒一物是由谁发行的？"

"是朝廷！"二人异口同声。

宋皓奇回想起了自己在历史书籍中看到的关于宋朝的描述，虽然宋朝的经济十分繁荣，百姓与政府的收入都有增加，但"节省不得其术"，导致朝廷入不敷出。朝廷发现民间对度牒需求旺盛，便大力出卖度牒，以期弥补亏空。宋皓奇翻阅过的史书中曾有对这些事件的详细描述，但当时他对于财经知识不甚感兴趣，也只留下了个模模糊糊的印象，如今被管事一提点方才想了起来。

"既是朝廷为维持度牒价格下令要求停止交易三年，也就不会轻易放弃度牒这一工具，它日后很有可能会再次升值的。"皓奇分析道。

管事向两人投去了赞许的眼神，没有再多说什么，"点到为止，年轻人还是要靠自己摸索呀。"

宋皓奇和游公子得知此消息后便忙碌了起来，四处打听获取度牒的方法，最终总结出了三种方法。

一是考试获取。但考试一般考察僧人对佛教经典的掌握程度，二人既没有遁入空门，也不曾学习佛教经典，这个办法很快就被否定了。

二是皇帝恩许。这更是空想，二人连皇宫都无法进入，又何谈得到皇帝的恩许呢？

三是出钱购买。二人一致认为这是目前最为妥当的法子。虽说无法准确地预测未来度牒的走势，但在知道了朝廷的态度之后，需要的就是胆大心细的个人特质了，毕竟敢于付出才有回报嘛。

　　二人利用赚到的第一桶金低价购入度牒后，民间停止交易度牒三年的政策也走到了尽头。此事件既已平息，在朝廷的推动下，有着信用背书的度牒再度回到人们的视野，价格很快疯涨起来，逐渐逼近200贯钱。二人此时将度牒出手，又是赚了一个盆满钵溢。

　　这段经历对宋皓奇产生了深远的影响，考上大学后的宋皓奇回望这段经历的时候，依然不禁感叹古人的智慧。令他惊叹的是，早在宋朝就有了类似"国债"的金融产品——简单来说，就是国家向百姓发放债券，将所获得的财富用于国家建设——这很好地缓和了财政赤字（即国家财政入不敷出的情况），实为绝佳的发明。而现代的国债与"度牒"的不同点在于，现在的国债到期后将归还本金并支付给人们利息，"度牒"则不会归还购买的费用，而是给予购买者一定的特权。

游戏中的宋皓奇还想不到那么远,他此刻只想知道这任务的目标金额到底是多少。宋皓奇内心充满矛盾,一方面希望目标低一些,这样便能很快完成任务回到现实世界;一方面又希望目标高一些,这样便能晚一点与游戏中的好友分别……

## 知识卡片

**度牒**

唐中宗在位时,参照科举考试确立了"试经度僧"制度。考试由僧官主持,内容则是考察僧侣对佛经的了解程度,考试达标后所发的身份证件就叫"度牒"。只有拿到度牒的僧人才能享受国家的免赋免役特权。

### 度牒是一种有价证券

拥有度牒即可以获得免赋免役的特权，因此它在市场上十分受欢迎。在国库空虚之时，政府向赈灾的地方官、边境的守将、主持工程的官员等需要用钱的负责人，大量发放空白度牒，用来取代应有的拨款。度牒本身可以获得免赋免役的特权，因此它成了一种有价值的凭证，后来人们便开始在民间流转交易。

## 第四节
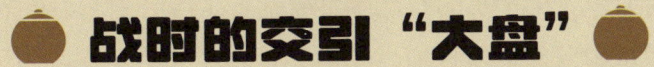
### 战时的交引"大盘"

"皓奇老弟,这阵子可真是多亏了你!我也跟着你学到了好多知识,能与你结交是我的荣幸!"游公子举起茶杯,语气激动地说。

"游公子这是哪里的话,我在这汴京城里人生地不熟,多亏有你的照拂。"宋皓奇也笑吟吟地端起茶杯,两只瓷杯发出清脆的碰撞声。两人之间互相夸赞的频率在这阵子明显提升了不少。

宋皓奇喝下一口茶,开口问道:"游公子,后面你打算做什么呢?"

游公子略一沉吟,说:"我打算先在家中的铺子中从底层做起,好好体验一下经营之道的奥秘,待有些经验后,再自己创业,争取闯出一番天地!顺便用上这阵子学来的投资技巧,让家中产业更加昌盛。游氏前辈打下来的家业不是为了让我们坐吃山空的,我们也要努力,不能让人唱衰游氏。"

看着游公子坚毅的眼神,宋皓奇这才发现这个曾经的纨绔公子哥现在已经成长为可以独当一面的翩翩青年,他忍不住再次举起茶杯:"士别三日,当刮目相看!"

游公子一愣,嘿嘿笑了起来,继续与宋皓奇絮叨起他未来的商业版图,宋皓奇听得入迷,秉烛夜谈许久。因为天色太晚,游公子便为皓奇准备了一间屋子,让他今夜就在游府内借宿。

第二日天蒙蒙亮,小厮就慌慌张张地冲进游公子的房间:"少爷,汴京周边几座城都贴出了募兵的告示,似乎边境又有些不太平。"

游公子本来还处在睡意蒙胧之中,一听见"边境"二字连忙坐起,披上外衣问道:"可是真的?此事不敢乱传,当心引起百姓恐慌。"

小厮微微俯身,低声说道:"招兵是真真儿的,茶店的管事老张昨天半夜带着车队进货回来,说他们亲眼瞧着官兵在辽阳府的城墙旁贴的告示。"

游公子眉头拧紧,叹气道:"边境一乱,受苦受难的还是老百姓。你跟管家说一声,多储些粮食煤炭,这个冬日怕是难过了。"小厮赶紧退下忙活去了。游公子看向静静躺在桌上的账本,陷入了沉思。

待到午饭开席之时,宋皓奇发觉了府中的不寻常:"今天我看着管家带着几个小厮进进出出搬来许多粮食,这是为何?"游公子垂下目光,故作无事般说地道:"也许又到了开粥棚的日子吧,我们家老夫人礼佛,常爱做些施粥救济的事情。"宋皓奇只点点头,然后继续吃饭了。

游公子却捏紧了手中的筷子,他也不知道自己为何选择对宋皓奇隐瞒战事。或许是他内心的一个念头,希望自己能够在没有宋皓奇帮助的情况下独立完成一次决策。此时,除了他自己,没人知道他在想什么。

游公子原本计划下午留宋皓奇对弈几局,但上午的消息扰乱了他的思绪,待宋皓奇告辞回家时他才回过神来。

宋皓奇离开游府后也没有第一时间回家,作为游公子的挚友,他中午用饭时便已经瞧出了游公子的紧张与不自然。"这人定是有事瞒着我,你不说,我自有办法打听到!"

宋皓奇心下想着,加快步子朝着城中的"包打听"走去。

谁承想,今日"包打听"的门前围满了人,宋皓奇好不容易才挤进去,问身旁人道:"今天怎么有这么多人,发生什么事了?"

一位挎着菜篮子的大婶说:"小哥,你还没听说吗?边境要打仗了,周边的城都开始征兵了!夭寿嘞,也不知道会不会强制参军,我们家正哥儿才娶上媳妇,呜呜呜呜……"

眼见大婶哭得上气不接下气,宋皓奇连忙扶着她挤出人群到空地上歇息。

宋皓奇的眉头皱起,心中也是十分疑惑:"为何游公子选择将战事按下不提呢?"

将大婶送回家后,宋皓奇决定去找游公子问个明白。路过游氏茶铺时,宋皓奇碰巧看到官府的人在与管事说着什么。宋皓奇关心游家的商事也不是一天两天了,便走上前去想要听听是什么事。

管事刚赔着笑脸送走了官府的士兵,看到宋皓奇走来,便立马哭丧起来:"宋公子,方才官府的人来说,边境战事紧急,需要大量粮饷,从今日起增发茶叶交引,商户可以像之前一样将粮草、金钱输送到北方边界地区,称为入中制度,而官府还是会给予大于商人输送粮草、钱物实际价值的钱、盐或茶货等。其中,政府给予大于这些粮草、金钱价值的茶叶交引作为回报。方才官府的差办来就是想说服我们多多贡献粮草,可这战事将近,府内也有这么多人要养活……您看看,我们该如何行事为好啊?"

宋皓奇摇摇头,"这我可做不了主,正巧我要去你们少爷府上,你随我同去吧。"

看到宋皓奇去而复返且面色凝重,游公子便知道宋皓奇已经知晓战事,正欲解释一二,宋皓奇却摆摆手道:"官府有了新安排,先听管事说吧。"

管事一通绘声绘色地描述,游公子却像早已知道此事一样面不改色。

"少爷,你怎么看?"管事问道。

"我觉得我们应当抓住这茶叶交引的机会,搏上一搏。之前我们便通过交引投资赚了不少钱,这次也一定错不了。"看到游公子向自己投来的希冀的目光，宋皓奇这才明白为何游公子之前故意不谈战事，原来他是想靠自己的力量做一次投资决策。

虽说看出了游公子希冀的目光中带有寻求肯定的意味，宋皓奇还是摇摇头，说道："也不尽然，这茶叶交引作为应急之措施，必然还有许多不确定的风险。适才管事告诉我，店中的茶叶库存坚持半年没有问题，且战时消费降低，谁会买茶叶呢？届时百姓不买茶叶，茶叶铺子便更没有必要购买茶叶交引了。大家都不需要茶叶，何来投资一说？所以，我还是觉得不参与为妙。"

看着宋皓奇运筹帷幄的模样,游公子对自己产生了深深的质疑:"难道这么久,我还是一个一无是处的富贵公子,我的想法永远天真可笑吗?"

过强的自尊心蒙蔽了游公子的眼睛,瞧着宋皓奇还要分析,他语气强硬地说道:"我意已决,这次我非做出些成绩不可。但我也不会拿着游氏的基业去赌,这次参与交引买卖的费用全从我私库账上出。"宋皓奇本想再劝,可看着游公子斗志昂扬的神色,也只好拱手告辞了。

这让宋皓奇想起了自己之前在消费任务中受挫之事,如果没有亲身经历钱花光之后的无助,他也必定不会反省自己的所作所为,游公子此时或许也是一样吧……

此后一个月,游公子全身心投入到茶叶交引买卖的工作中,无暇再与宋皓奇玩乐。宋皓奇则专心用自己的方式积累着财富,不时探听外界的情况。终于,一天深夜,游公子叩响了宋皓奇的院门,宋皓奇打开院门狠狠吃了一惊:游公子瘦了好大一圈,锦缎袍子在身上直晃荡,眼下的青黑更显得憔悴不已。

"发生什么事了,倒觉得你老了十岁。"宋皓奇为游公子斟上一杯热茶。

"你是对的……官府急着募集粮饷,发放了过多的交引,现在市场上的茶叶交引随处可见。我手中的交引,不论是从别处购来的,还是从中换取的,根

本卖不出好价格，是我被野心冲昏了头。"游公子垂下头，浑身满是挫败感。

宋皓奇的思绪又回到小时候与爸爸谈论股票时的场景，他记得爸爸那时便对他说："这个游戏可是要冒很大的风险的哦。"宋皓奇现在才理解了"风险"的含义。投资不总是一帆风顺的，遇到了好的时机，可能赚得盆满钵溢，但如果只是碰运气，总有一天要把底裤都亏掉。

不过，这番话可不能说出来打击游公子，只见宋皓奇安慰游公子道："'纸上得来终觉浅，绝知此事要躬行'，这次的损失就当交学费了，买我们游公子一个经商的教训，不亏！"听完宋皓奇的话，游公子觉得近日来的阴云也正缓缓褪去，于是笑着端起茶杯。还是那两只瓷杯，还是那样清脆的碰撞声，一夜静谧安好。

## 知识卡片

**理性投资**

"买者自负,量力而行",适合自己的才是最理性的选择。如果未来要进入投资市场,那么作为投资者,我们应当正确看待市场变化,加强金融知识学习,树立长期、理性、科学的投资理念,结合自身投资需求,合理配置理财资金。投资理财产品时,要客观评估自身的风险承受能力,选择与自身风险承受能力相匹配的理财产品。如果你担心自己亏损之后连生存都会被影响,那么最好的做法是选择那些风险较小的投资产品。

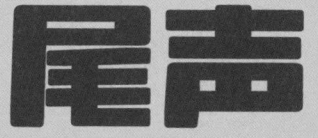

**尾声**

一日,游公子拎着只烧鸡兴冲冲地敲响了宋皓奇小院的大门。"皓奇,告诉你个好消息:我爹同意我自己开铺子了!我要做自己的生意了!"

宋皓奇先是一怔,然后也笑起来:"这可真是个好消息,你是怎么说服你爹的?"

游公子先端起桌上的水壶牛饮了半壶,然后擦擦嘴说道:"虽然你前些日子开解过我,但我心里一直还是有个坎没能过去。那天我垂头丧气的,又让我爹数落了一顿,说我没有游家子弟的骨气,一点小挫折都能被打倒。我自己也是又急又气,忍不住与他辩说是因为我太渴望证明自己,所以才一意孤行。没想到他竟然不训我了,沉默了一会便同意了。晚上他又来到我的房中与我谈了许久,我这才知道,表面上他对我一直有所不满,实际上那是因为他对我抱有极大的期望,一直以我为骄傲。"说到这儿,游公子的眼眶微微有些湿润。

宋皓奇拍了拍游公子的胳膊,说道:"你好好干,有什么需要的就唤个人来这寻我。"游公子抹抹眼睛:"自是如此,今日我来是想告诉你,最近一段日子我可能有些忙,待铺子修好了就请你来参观!"宋皓奇自是应下。

宋皓奇一边努力完成自己的任务,一边时不时地充当游公子的参谋,时间一

日日很快就过去了。宋皓奇发现自己已经逐渐将这一方小院当作了一个小家，频传的边境捷报也让百姓的生活逐渐恢复了正常。

暮色四合，有人却匆匆叩响了宋皓奇小院的大门，原来是游公子的贴身长随。

"松月，你怎么来了？"

"我家公子的商铺明日就要开业了，特派小人来给宋公子送参观商铺的请帖……对了，少爷还说邀请宋公子为新铺子剪彩呢。"

宋皓奇忍俊不禁，说道："还没问呢，你们公子这次是开了个什么店铺啊？我也该送上些薄礼。"

松月用袖子擦了擦汗，说道："是胭脂铺，公子找到一个古方，做出的胭脂又服帖又有香气，前些日子试营业了一段时间，很是受这汴京城中小姐夫人的欢迎。"宋皓奇接过邀请函，松月鞠躬道谢后一溜烟地跑走了。

看着松月一路小跑的背影，宋皓奇正想开口提醒他注意安全，系统的提示音却突然响起："乐于助人，学习努力，本次任务评级——SSS级，恭喜宿主，系统将于近日安排宿主返回原世界。"

宋皓奇捏着那张请帖，在原地愣了许久许久。

今晚的月色很好，宋皓奇却整夜未

## 尾声

眠,他问系统:"近日是什么时候?还能给我一些时间让我与朋友们道别吗?"

系统回复道:"返回通道正在搭建中,预计5天左右可以搭建完毕,返回的前一天我会通知您的。"

"还有5天……"宋皓奇喃喃道。

第二日,宋皓奇如期赴约。胭脂铺前人声鼎沸,宋皓奇找到游公子,向他打趣道:"游公子真是厉害,我在来的路上就已经听见好多姑娘都在讨论你这铺子,听说只要上新产品马上就售空,在汴京城中热门得紧。"

游公子又摇起折扇,摆出一副满不在乎的样子:"少爷我这一个月三更睡五更起,从生产到销售每个环节都严格把控、亲力亲为,这铺子的火热在我意料之中啦。"二人四目相对,都忍不住笑了起来,宋皓奇正想打趣两句,却看到一个熟悉的身影。

## 尾声

他戳了戳游公子的胳膊,示意他向东看去——游公子的父亲正站在人群外,看着店铺热闹的景象,眼中满是毫不掩饰的骄傲与欣喜之色。

游公子低声说道:"你且等等我。"便往父亲那走去。

宋皓奇看着已比父亲高出一大截的游公子弯着腰乖乖听父亲讲话的样子和游老板那曾经挺拔如今却逐渐佝偻的身躯,不禁想到了自己的爸爸妈妈。从牙牙学语到翩翩少年,第一次领奖状、第一次考满分、第一次学会骑车……爸爸妈妈也从来不曾缺席他的成长,并时刻为他加油鼓劲。

宋皓奇下定决心,回家后一定不再淘气,好好听爸爸妈妈的话。

"想什么呢,这么出神!"游公子不知何时又回到自己身旁,宋皓奇笑了笑回说没什么。游公子说:"择日不如撞日,明日我们去游湖如何,答应带你体验一下泛舟游湖的诗情画意,却一直没有成行。"宋皓奇微笑应好。

在剩下的5天里,宋皓奇与游公子游湖玩耍、参加诗会、品尝美食,玩得可是随心尽兴……

在最后一天的马球比赛结束后,系统的机械音还是来了:"今日子时将开启返回通道,请宿主做好准备。"

宋皓奇攥了攥拳,气喘吁吁地走向正在擦汗的游公子。游公子正捏着帕子,见他来了便笑嘻嘻地问道:"你这段日子进步飞快啊,是不是背着我偷偷练习了?"

"还是游师父教得好!不过,我还有一事想说,我在外游历这么久,家中父母也颇为挂念,常常来信询问近况。现在你的生意步入了正轨,想来也没有什么需要我的地方,我也该回去了。等我探亲回来,定再回汴京寻你。"

听说宋皓奇要离开,游公子眼中满是悲伤不舍之色,"好,那等你回来,我再请你去一品酒楼,为你接风洗尘!"

回到小院后,宋皓奇将院中打扫得一尘不染,邻居王大娘看宋皓奇洗洗涮涮,问道:"皓奇,你这是要出门啊?"宋皓奇点点头,说近日自己将返乡探亲。一听这话,王大娘便回屋子为宋皓奇拿了几个包子,使劲往他怀里塞:"路上可远,带点干粮路上吃!"宋皓奇推辞不过,只得收下王大娘的好意。

子时到了,系统的提示音响起:"监测到宿主状态稳定,通道即将开启。"宋皓奇只觉得发生了地震,周遭的一切都疯狂地摇晃了起来。

"奇奇,奇奇……"宋皓奇睁开眼睛,妈妈焦急的面容映入眼帘,"你这孩子怎么睡这么久,怎么叫都叫不醒?"

宋皓奇连忙坐直了身子,古香古色的场景已然消失不见,眼前是

## 尾声

自己熟悉的卧室,看着手边的游戏《汴"金"梦华录》,宋皓奇望着妈妈,说道:"妈妈,我想我不会再乱花钱了。"妈妈一愣,笑着摸了摸宋皓奇的头:"我们奇奇长大了呢!走,今天爸爸做了你最爱吃的鸡翅,我们去吃饭。"宋皓奇点点头,跟着妈妈离开了房间。

　　游戏机静静地躺在书桌上，突然浮现出一行字：

　　《汴"金"梦华录：穿越宋朝的财富冒险》任务已存档，《汴"金"梦华录：京城潜藏的商业奥秘》读取中……